山东省科学技术计划项目（项目编号022150124）

当代齐鲁文库·山东社会科学院文库

THE LIBRARY OF CONTEMPORARY SHANDONG

SELECTED WORKS OF SHANDONG ACADEMY OF SOCIAL SCIENCES

山东社会科学院◎编纂

山东省中小企业技术创新能力研究

曲永义 等◎著

中国社会科学出版社

图书在版编目（CIP）数据

山东省中小企业技术创新能力研究／曲永义等著 . —北京：中国社会
科学出版社，2016.12

ISBN 978-7-5161-9070-8

Ⅰ.①山…　Ⅱ.①曲…　Ⅲ.①中小企业—技术革新—研究—山东
Ⅳ.①F279.275.2

中国版本图书馆 CIP 数据核字（2016）第 241745 号

出 版 人　赵剑英
责任编辑　王莎莎
责任校对　张爱华
责任印制　张雪娇

出　　　版　中国社会科学出版社
社　　　址　北京鼓楼西大街甲 158 号
邮　　　编　100720
网　　　址　http://www.csspw.cn
发 行 部　010-84083685
门 市 部　010-84029450
经　　　销　新华书店及其他书店

印刷装订　环球东方（北京）印务有限公司
版　　　次　2016 年 12 月第 1 版
印　　　次　2016 年 12 月第 1 次印刷

开　　　本　710×1000　1/16
印　　　张　13.5
插　　　页　2
字　　　数　188 千字
定　　　价　49.00 元

《山东社会科学院文库》
出版说明

  党的十八大以来，以习近平同志为核心的党中央，从推动科学民主依法决策、推进国家治理体系和治理能力现代化、增强国家软实力的战略高度，对中国智库发展进行顶层设计，为中国特色新型智库建设提供了重要指导和基本遵循。2014年11月，中办、国办印发《关于加强中国特色新型智库建设的意见》，标志着我国新型智库建设进入了加快发展的新阶段。2015年2月，在中共山东省委、山东省人民政府的正确领导和大力支持下，山东社会科学院认真学习借鉴中国社会科学院改革的经验，大胆探索实施"社会科学创新工程"，在科研体制机制、人事管理、科研经费管理等方面大胆改革创新，相继实施了一系列重大创新措施，为建设山东特色新型智库勇探新路，并取得了明显成效，成为全国社科院系统率先全面实施哲学社会科学创新工程的地方社科院。2016年5月，习近平总书记在哲学社会科学工作座谈会上发表重要讲话。讲话深刻阐明哲学社会科学的历史地位和时代价值，突出强调坚持马克思主义在我国哲学社会科学领域的指导地位，对加快构建中国特色哲学社会科学作出重大部署，是新形势下繁荣发展我国哲学社会科学事业的纲领性文献。山东社会科学院以深入学习贯彻习近平总书记在哲学社会科学工作座谈会上的重要讲话精神为契机，继续大力推进哲学社会科学创新工程，努力建设马克思主义研究宣传的"思想理论高地"，省委、省政府的重要"思想库"和"智囊团"，山东省哲学社会科学的高端学术殿堂，山东省情综合数据库和研究评价中心，服务经济文化强省建设的创新型团队，为繁荣发展哲学社会科学、建设山东特色新型智库，努力做出更大的贡献。

《山东社会科学院文库》（以下简称《文库》）是山东社会科学院"创新工程"重大项目，是山东社会科学院着力打造的《当代齐鲁文库》的重要组成部分。该《文库》收录的是我院建院以来荣获山东省优秀社会科学成果一等奖及以上的科研成果。第二批出版的《文库》收录了丁少敏、王志东、卢新德、乔力、刘大可、曲永义、孙祚民、庄维民、许锦英、宋士昌、张卫国、李少群、张华、秦庆武、韩民青、程湘清、路遇等全国知名专家的研究专著18部，获奖文集1部。这些成果涉猎科学社会主义、文学、历史、哲学、经济学、人口学等领域，以马克思主义世界观、方法论为指导，深入研究哲学社会科学领域的基础理论问题，积极探索建设中国特色社会主义的重大理论和现实问题，为推动哲学社会科学繁荣发展发挥了重要作用。这些成果皆为作者经过长期的学术积累而打造的精品力作，充分体现了哲学社会科学研究的使命担当，展现了潜心治学、勇于创新的优良学风。这种使命担当、严谨的科研态度和科研作风值得我们认真学习和发扬，这是我院深入推进创新工程和新型智库建设的不竭动力。

实践没有止境，理论创新也没有止境。我们要突破前人，后人也必然会突破我们。《文库》收录的成果，也将因时代的变化、实践的发展、理论的创新，不断得到修正、丰富、完善，但它们对当时经济社会发展的推动作用，将同这些文字一起被人们铭记。《山东社会科学院文库》出版的原则是尊重原著的历史价值，内容不作大幅修订，因而，大家在《文库》中所看到的是那个时代专家们潜心探索研究的原汁原味的成果。

《山东社会科学院文库》是一个动态的开放的系统，在出版第一批、第二批的基础上，我们还会陆续推出第三批、第四批等后续成果……《文库》的出版在编委会的直接领导下进行，得到了作者及其亲属们的大力支持，也得到了院相关研究单位同志们的大力支持。同时，中国社会科学出版社的领导高度重视，给予大力支持帮助，尤其是责任编辑冯春凤主任为此付出了艰辛努力，在此一并表示最诚挚的谢意。

本书出版的组织、联络等事宜，由山东社会科学院科研组织处负责。因水平所限，出版工作难免会有不足乃至失误之处，恳请读者及有关专家学者批评指正。

《山东社会科学院文库》编委会
2016 年 11 月 16 日

《山东省中小企业技术创新能力研究》
课题组成员

曲永义　文新三　李连燕
袁红英　孙玉波　王旭东

前　言

当今世界，随着信息化和全球化的步伐加快，科学技术的发展日新月异，知识日益成为快速积累财富的核心手段，技术创新已成为经济和社会发展的主导力量，经济发展也愈来愈依赖于新技术、新产品的开发，新产业的崛起壮大更是依赖于产、学、研三方的有机结合。这一新环境为作为区域创新体系的重要组成部分——中小企业的技术创新，提供了新的机遇。中小企业技术创新能力的提高，在推动着区域经济增长和创新能力的提升中发挥着前所未有的重要作用。近年来，世界各国，特别是西方发达国家和地区的政府，充分认识到中小企业技术创新能力提高的重要作用，纷纷采取措施构建并扶持中小企业技术创新的政策体系，创造了有利于中小企业技术创新的良好的社会环境，有的甚至直接投资支持中小企业的技术创新活动，提升中小企业技术创新能力，有力支撑和推动区域经济增长和竞争力的提升。在我国，很多地区的中小企业以其灵活、专、精、特、新的优势，成为区域技术创新和发展高新技术产业的生力军，为促进区域经济快速、稳定的新增长发挥了重要的作用。特别是珠江三角洲、长江三角洲、京津冀等地区的科技型中小企业群的迅速崛起，对推动区域技术创新能力和经济增长起到了不可替代的作用，成为世人有目共睹的事实。本研究正是在这样的背景下提出的，目的在于全面、系统地分析和评价山东中小企业技术内部状况和外部环境，探究影响山东中小企业技术创新能力的主要问题，为提升山东中小企业技术创新能力，提升山东科技成果的商品化率、产业化率，实现山东经济增长方式的转变，提供前瞻性的理论视角，提出可操作的实践思路与现实对策建议。

本书是 2002 年山东省科学技术计划项目的研究成果，课题组成员在负责人的总体协调下，采取集中与分散相结合的方式，严格按照《山东省科学技术发展计划项目申请书》要求展开调查和研究，经过课题组全体成员一年多来的辛勤努力，最终如期完成了既定的研究计划与研究目标。

本书包括"山东省中小企业技术创新能力研究"和"外国政府提升中小企业技术创新能力的政策措施研究"两部分。第一部分是本研究的主报告，其主要内容有以下四个方面：

1. 中小企业技术创新的基础理论综述。在这部分内容中，为了明确研究的客体，首先对我国中小企业界定问题进行了阐述；而后通过对历史文献进行考察，梳理了国内外关于中小企业技术创新理论观点，描述和介绍了中小企业技术创新理论的起源、发展概况，对中小企业技术创新、技术创新能力的概念进行了定义，研究探讨了区域内中小企业的技术能力、创新的环境与技术创新能力的关系及中小企业在技术创新中的作用等理论问题，为下一步的研究打下了理论基础。

2. 对山东中小企业技术创新能力状况进行评价。运用完整的评价体系，客观、科学、量化地评价一定区域内中小企业的技术创新能力，是把握区域内中小企业的技术创新能力的发展水平和区域间技术创新能力比较的基础。目前不同区域间中小企业技术创新能力的高低如何度量，在理论上还没有形成一套被普遍采用的、完整的评价体系和评价方法，在实践中也没有形成完全规范化的标准。本研究主要根据世界经济论坛和瑞士国际管理发展学院评价科技国际竞争力涉及的有关指标、我国国家统计局技术开发综合指数指标、国家科委对区域技术进步的评价指标，以及国内外有关学者对中小企业内部技术能力、管理能力、创新机制等评价指标，分两个层次从定量和定性两个方面，确定了 47 个指标，建立了中小企业技术能力的评价指标体系，并采用对比分析法对有关定量指标进行对比分析评价，采用模糊数学分析法对有关定性指标和难以采集数据的定量指标进行评价。在此基础上对全部指标进行综合评价，利用统计与数学模型分析方法，力求对山东中小企业技术创新能力在全国的发展水平有一个准确的量化把握。

3. 对影响山东省中小企业技术创新能力的主要问题的分析。由于利用指标分析法分析山东的技术创新能力是笔者在理论上的一种尝试，指标设置和评估方法难免有所误差。为了全面准确地评价和把握山东中小企业技术创新能力，课题组面向山东全省的中小企业发放了 2500 份问卷调查，从收回的调查问卷中筛选了 200 个较有代表性的企业进行典型分析，并向省中小企业办公室、省科技厅等部门进行了咨询，重点分析了山东提升中小企业技术创新能力的有关政策措施的实施状况和山东中小企业技术创新的环境问题，为找准提升山东中小企业技术创新能力的对策与措施打下了基础。在这部分内容中，我们还在实证调查研究的基础上，将山东中小企业与上海、广东、北京、浙江、江苏等省市的中小企业技术创新能力进行类比归纳，分别从人力资源、财力资源、基础研究、基础设施与环境、技术创新的组织与管理、技术产出与扩散等方面，对影响山东省中小企业技术创新能力的主要问题进行剖析，找出差距，并对存在的问题进行分析，努力将实证调查结果与指标量化分析的结果互相对比，以达到对存在问题的透彻了解和准确认识。

4. 对提升山东中小企业技术创新能力的主要对策与措施的研究。这部分内容是本研究的重点，主要是在对山东中小企业技术创新的总体概况和存在的问题进行了深入的了解之后，运用有关理论，借鉴国外和国内中小企业技术创新能力较强的省（市）的经验，分别从优化技术创新人才的配置，加强对技术创新人才的培养和引进，完善中小企业技术创新投资与融资体系，加强基础研究，优化中小企业技术创新环境，建立健全中小企业社会化服务体系、推动中小企业集群发展，引导中小企业选择有效的技术创新模式、挖掘和提升中小企业内部技术创新的活力等方面提出了提升山东中小企业技术创新能力的应对之策。

在第二部分内容中，本书首先对外国政府中小企业的界定问题进行了介绍与评价，以便于读者对不同国家扶持中小企业技术创新政策措施所涵盖的对象、范围和经验的分析和比较；而后对国外中小企业技术创新的作用与特点进行了系统的研究阐述，以强化对中小企业技术创新重要性的认识；在此基础上，从组织机构保障、财政与金融扶持、税收优惠、立法营造政策环境、社会化服务体系的健全、中小企业信用担保体系的建立等方面对外国政府扶植中小企业技术创新活动的政策措施和经验进行综合、比较研究和述评，为各级政府制定中小企业技术创新的扶持措施，提供参考和借鉴；最后，对发达国家和新兴的工业国家近年来大力发展风险投资、设立创业板市场、设立科技园区、科技型中小企业孵化器等措施，扶持中小企业提升技术创新能力的新举措进行了系统的研究阐述，为有关政府部门制定中小企业技术创新的扶持措施，提供了理论视角。

我的研究工作，得到了社会各界的大力支持。威海市人民政府副秘书长兼研究室主任夏景华、济南市国税局科长王书林、滨州市财政局科长李宝国、淄博市国税局副局长李继光、省丝绸公司科长范作丽、省经贸委处长崔霞、省工商局副处长张玉刚、日照市副市长侯成君等许多同志为本项目调研提供了很多帮助。山东财政学院图书馆馆长慈勤广研究员，为收集课题研究的资料做了大量工作。山东财政学院郝秀梅教授在数学模型建立的研究中提供了有益的帮助和指导。山东社科院科研处处长徐东礼、科长孙晶对项目立项、管理和研究工作提供了许多帮助和卓有成效的支持，行财处侯升平同志、农经所许英梅同志、事业开发处副处长王冠军和科长付宁同志为研究报告的校对、印刷等做了大量工作。此外，省社科院、省财政厅、省科技厅、省中小企业办等许多省直部门的领导和同志们，为我的研究工作提供了许多指导和帮助。在本研究报告完成之际，课题全体成员向为本项目研究工作提供过指导和帮助的单位和同志表示衷心的感谢！

　　由于目前国内外对中小企业技术创新能力的研究在理论上没有形成完整的体系，本研究中对中小企业技术创新能力的评价指标体系和方法是课题组根据相关研究进行的尝试，对于山东中小企业技术创新能力发展现状、存在问题和对策措施等问题，以往可供参考的相关研究较少，再加上我们水平所限，本研究中的不足甚至错误在所难免，请批评指正。

曲永义

2003 年 12 月

目　录

第一部分　山东省中小企业技术创新能力研究

近年来，随着全球化和知识经济以摧枯拉朽之势渗透到世界经济的各个角落，网络经济、虚拟经济特别是高新技术产业得以迅速发展，中小企业依靠其灵活的运作机制和较低的研究开发成本、较短的开发周期、较高的开发成功率，以及对市场的敏锐把握和大胆的冒险精神，在开发新产品、新技术、新工艺等技术创新活动中，创造了许多神话般的业绩，成为许多国家和地区技术创新的主要载体，其对区域经济增长的贡献已成为全世界有目共睹的事实，提升区域内中小企业技术创新能力已成为许多国家和地区提升区域经济核心竞争力，推动区域经济快速增长的重要举措。因此，从理论上阐述中小企业技术创新的有关问题，用适当的方法来全面、系统地评价分析山东中小企业技术创新能力的现状，是探究影响山东中小企业技术创新能力的主要问题，提升山东中小企业技术创新能力的政策措施。这不仅可以为山东的各级政府和中小企业提高技术创新能力提供新的理论视角和可操作的现实对策，而且对于提高山东科技成果的商品化率、产业化率，实现经济增长方式由粗放型向集约型的转变，推动山东区域产业结构升级和技术创新能力的提高，都有着重要的作用。

一　中小企业的界定

中小企业是一个相对模糊的概念，试图在理论上给出一个确切、统一的定义是相当困难的。目前，世界各国对中小企业的界定尚无完全统一的标准，其主要原因是：

第一，不同国家和地区的政治、经济、文化等发展的具体情况不同，中小企业所处的经济发展环境存在着差异，因此在中小企业的界定标准上不可能达成一致。即使在同一国家和地区，有关中小企业的界定和划分标准也会因经济发展状况的变化而发生相应的改变，不同发展阶段的标准也不可能一成不变。如美国20世纪50年代将制造业中的250人以下企业界定为中小企业，现在则将上限提高到500人。

第二，企业所属的行业不同，其技术特征也不同；同时，企业本身的发展是动态的、复杂的，其中包括多方面的因素和条件，很难找到完整、统一的标准或指标来涵盖这些因素。因此，在确定中小企业的内涵时，必须结合本国国情，尤其是经济发展水平，把中小企业放在一定的经济发展阶段、一个相对稳定的时期和环境中来界定。

纵观目前世界各国对企业规模的界定方法，可归纳为两种。一种是完全采用定量标准界定法，采用这种方法的国家，主要根据企业资产或资本额、雇员数量、营业额（通常是一年）、生产能力、产品所占的市场份额等客观性指标为划型标准。当然，多数国家并不是以上三项标准同时使用，而常常是只用其中的两项或一项，只有少数国家三项标准同时使用。另一种是采用定性标准与定量标准相结合的界定方法，这种方法除了采用一些定量指标外，同时采用企业的所有权、经营方式等因素也作为划分标准。

新中国成立以来，我国对中小企业的界定先后经过多次调整。新中国成立初期曾按固定资产价值划分企业规模。1962年，改为按作业人员标准对企业规模进行划分：企业职工在3000人以上为大型企业，500—3000人为中型企业，500人以下为小企业。1978年，国家计划委员会发布《关于基本建设项目的大中型企业划分标准的规定》，把划分企业规模的标准改为"年综合生产能力"。1984年，国务院颁布的《国营企业第二步利改税试行办法》，对我国非工业企业的规模按照企业的固定资产原值和生产经营能力确立了划分标准，主要涉及的行业有公交、零售、物资回收等国营小企业。1988年，对1978年标准进行修改和补充，重新发布了《大中小型工业企业划分标准》，按不同行业的不同特点作了分别划分，将企业规模分为特大型、大型（分为大一、大二两类）、中型（分为中一、中二两类）和小型四类六档。当时中小企业一般指中二类和小型企业。具体为：凡产品比较单一的企业，如钢铁企业、炼油厂、手表厂、水泥厂等按生产能力为标准划分，发电厂、棉纺厂等以生产设备数量为标准划分；对于产品和设备比较复杂的企业，以固定资产原值数额为标准划分。1992年又对1988年划分标准作了补充，增加了对市政公用工业、轻工业、电子工业、医药工业和机械工业中的轿车制造企业的规模划分。1999年，对原标准再次修改，将销售收入和资产总额作为主要指标，分为特大型、大型、中型、小型四类，其中年销售收入和资产总额分别在5亿元以下、5000万元以上的为中型企业，年销售收入和资产总额均在5000万元以下的为小型企业。

我国中小企业的最新划分标准采用了国际上的通用做法，除某些服务行业将依据2003年全国第三产业普查结果进一步细分以外，将我国境内依法设立的各类所有制和各种组织形式的企业，根据行业规定了明确的划分标准。具体见表1—1。

表1—1　　　　　　　　　中小企业划分标准

行业名称	中小企业标准	说　明
工业	职工人数2000人以下，或销售额30000万元以下，或资产总额为40000万元以下。	（1）工业包括采矿业、制造业、电力、燃气及水的生产和供应业； （2）中型工业企业须同时满足职工人数300人及以上，销售额3000万元及以上，资产总额4000万元及以上； （3）销售额指现行统计制度中的年产品销售收入。

续表

行业名称	中小企业标准	说　明
建筑业	职工人数 3000 人以下，或销售额 30000 万元以下，或资产总额 40000 万元以下。	（1）中型企业须同时满足职工人数 600 人及以上，销售额 3000 万元及以上，资产总额 4000 万元及以上； （2）销售额指现行统计制度中的年工程结算收入。
零售业	职工人数 500 人以下，或销售额 15000 万元以下。	（1）中型企业须同时满足职工人数 100 人及以上，销售额 1000 万元及以上； （2）销售额指现行统计制度中的年销售额。
批发业	职工人数 200 人以下，或销售额 30000 万元以下。	（1）中型企业须同时满足职工人数 100 人及以上，销售额 3000 万元及以上； （2）销售额指现行统计制度中的年销售额。
交通运输业	职工人数 3000 人以下，或销售额 30000 万元以下。	（1）中型企业须同时满足职工人数 500 人及以上，销售额 3000 万元及以上； （2）销售额指现行统计制度中的年营业收入。
邮政业	职工人数 1000 人以下，或销售额 30000 万元以下。	（1）中型企业须同时满足职工人数 400 人及以上，销售额 3000 万元及以上； （2）销售额指现行统计制度中的年营业收入。
住宿和餐饮业	职工人数 800 人以下，或销售额 15000 万元以下。	（1）中型企业须同时满足职工人数 400 人及以上，销售额 3000 万元及以上； （2）销售额指现行统计制度中的年营业收入。

注：（1）本表根据 2003 年 2 月 19 日国家经贸委、国家计委、财政部、国家统计局公布的《中小企业标准暂行规定》的有关内容整理。

（2）表中职工人数指现行统计制度中的年末从业人员数。

（3）表中资产总额指现行统计制度中的资产合计。

二　中小企业技术创新能力理论的起源与演进

（一）　理论溯源

对技术创新能力理论的研究，可以追溯到古典经济学家亚当·斯密，他在其著名的《国富论》中，论述了技术进步和经济增长的关系，同时指出了技术变迁是由于经验的积累、劳动者技能培训、协作效应的提高、更好的生产方法以及机械设备的采用等引起的。他指出："有用劳动的生产改进，取决于：（1）劳动者能力的改进；（2）他工作所用机械的改进。"① 这清楚地表明，在古典经济学中，亚当·斯密已对技术创新能力的作用以及构成技术创新能力的要素有了初步的认识。

马克思从哲学的高度阐述了技术创新的意义，并且用动态的观点分析资本主义体系，是最早把资本积累和不断的技术创新结合起来进行分析的经济学家。在《共产党宣言》、《资本论》、《机器、自然力和科学的应用》② 等著作中，马克思多次对技术创新作了论述。创新理论的创始人约瑟夫·熊彼特在 1911 年发表的《经济发展理论》（德文）第一版中，也多处提到马克思，以至于有一种观点认为，熊彼特的创新理论是继承了马克思的许多观点发展起来的③。

马歇尔（A. Marshall，1842—1924）是最早阐述"小企业群落"理论的经济学家。他在 1890 年出版的《经济学原理》中较早注意到，区域内的中小企业间的相互联系建立在合作、相互依赖和

---

① 亚当·斯密：《国民财富的性质和原因的研究》（下卷），商务印书馆 1988 年版，第 243 页。

② 参阅：《马克思恩格斯选集》，人民出版社 1972 年版，第一卷 108 页、255—256 页，第二卷 82—83 页，第四卷 320—321 页。

③ 参阅：1）［美］F. M. 谢勒《技术创新——经济增长的原动力》（中文译本），新华出版社 2001 年版，第 31—33 页；2）李玉虹、马勇：《技术创新与制度创新互动关系的理论探源——马克思主义经济学与新制度经济学的比较》，《理论经济学》，2001 年第 6 期。

信任的基础上，这些联系促进了创新能力的提高。他认为，企业群落有利于技术、信息、技术诀窍和新思想在群落内企业之间的传播与应用。马歇尔对企业聚集研究的最大贡献是发现了一种产生聚集的"空气"——协同创新的环境，但马歇尔是为了研究组织而探讨中小企业创新的，同时，在马歇尔时代，客观上企业之间的联系主要是物质的投入产出。因此，受研究目的与所处历史时代的局限，马歇尔没有将他的协同创新环境的思路充分展开，挖掘聚集产生的非物质原因①。

创新理论的开山鼻祖熊彼特（1883—1950）早期的经典作品《经济发展理论》（1911 年版），勇敢地批判了当时主流的经济学认为经济系统是静态的、均衡的观念，打破了传统的静态分析方法，强调企业家和创新者的重要性，首次向人们昭示了技术创新对经济发展的巨大作用，明确指出资本主义增长的主要源泉不是资本和劳动力，而是创新②。在熊彼特看来，创新包含了一切可能提高资源配置效率的创新活动，这些活动可能与技术直接相关，也可能与技术不直接相关。即把"创新"看作是一个社会过程，而不仅仅是一种技术或者经济的现象，是区域内企业技术发明、技术扩散等能力提升的综合过程。

然而，由于受到历史的局限，熊彼特的创新理论也不可避免

---

① 参见周文：《产业空间集聚机制理论的发展》，《经济科学》，1999 年第 6 期，第 96—101 页。

② 参见：保罗·萨缪尔森《经济学》（第十六版）（中文译本），华夏出版社1999 年版，第 146 页；熊彼特《经济发展理论》（中文译本），商务印书馆 1991年版，第 1 页。按照熊彼特创新理论的观点，"创新"就是建立一种新的生产函数或供应函数，即把一种从来没有过的生产要素和生产条件的"新组合"引入生产体系。在他看来，"创新"是一个社会过程，而不仅仅是一种技术或者经济的现象。"创新"不仅是指科学技术上的发明创造，而更是指把已发明的科学技术引入企业之中，形成一种新的生产能力。具体说来，创新包括五个方面的内容：a. 引入新的产品或提供产品的新质量（产品创新）；b. 采用新的生产方法（工艺创新）；c. 开辟新的市场（市场创新）；d. 获得新的供给来源（资源开发利用创新）；e. 实行新的组织形式（体制和管理的创新）。

地存在某些缺陷。第一，他把技术创新看作是一个黑箱，没有研究技术创新的过程及其内在机理，缺乏对技术创新复杂性的分析。第二，他把技术和创新分割开来，从而把技术看成是经济系统的外生变量，似乎技术发明与企业根本无关，忽略了企业内部技术创新激励机制的研究。第三，仅看到供给在经济增长中的作用，忽略了市场需求的重要意义。这与目前公认的由格里克斯（Grillches）1957 年和施莫克勒（Schmookler）1966 年提出的技术创新率市场需求诱致性假说①大相径庭。第四，尽管他明确地提出创新是一个社会过程，但是关于政府政策对技术创新的巨大影响却什么也没有说，这与在他之前的古典经济学家相比，不能不说是一种退步②。第五，虽然他非常正确地把实现工业上的新组织纳入创新的内容，开辟了组织创新研究的先河，但关于超越企业的组织创新形式并无涉及。

当然，这些问题在当时的历史条件下，不可能得到解决，是不能苛求于他的。熊彼特为区域技术创新能力理论体系的建立铺垫了坚实的基础，在技术创新理论发展史上，甚至在整个经济学说史上都占有极为重要的地位。尽管熊彼特在世时其理论并不为主流经济学家们所接受，但其创新理论的主要观点却为半个世纪以来世界经济发展的实践所证实。

熊彼特去世之后，技术创新对人类社会和经济发展的影响日益加深，许多学者将研究不断深化，研究的范围涵盖了技术创新的许多方面。但是，目前来看，在创新理论中，单独就中小企业技术创新能力问题进行的研究仍然相对较少。已有的研究中，学者们也是按照各自学派理论框架体系进行的，尽管很多内容涉及中小企业技术创新能力问题，但对中小企业技术创新能力的评价，提升中小企

①　这一假说认为，在其他条件相同时，对一种商品的新技术的可得性，是对该商品的市场需求的函数。

②　参见纪玉山：《现代技术创新经济学》，西南财经大学出版社 2002 年版，第108—110 页。

业技术创新能力的动力、环境等诸多方面在学术界还没有形成统一的认识。已有的研究，可从研究的范围划分为从宏观上研究区域中小企业技术创新能力和微观上研究单个中小企业的技术创新能力两个方面。研究过程大体可分为两个阶段，第一阶段是 20 世纪 70 年代中期以前，以美国为中心，在"新熊彼特学派"旗帜下，一批学者从不同角度针对熊彼特所提出的许多假说进行实证分析和解说，研究的重要问题主要是新技术推广、企业规模与技术创新的关系、技术创新能力与市场结构的关系等。这一时期，较有影响的理论是美国卡内基理工学院和耶鲁大学教授曼斯菲尔德的技术推广模式理论。其对创新理论的一个重要发展是对"模仿"和"守成"的研究。主要著作有《技术变革的采纳：企业的反应速度》（1959 年）、《工业研究和技术创新》（1968 年）、《垄断力量和经济行为：工业集中问题》（1974 年）等。他定义的"模仿"是指某个企业首先采用一项新技术后，其他企业以它为榜样，相继采用这项技术。"守成"是指某个企业首先采用一项新技术后，其他企业并不模仿它，依然使用原技术。"模仿率"指以首先采用新技术的企业为榜样的其他企业采用新技术的速度。"模仿比率"指采用新技术的企业占该部门企业总数之比。据此，曼斯菲尔德推出他的技术推广模式。他认为，影响模仿率的三个基本因素是：模仿比例、采用新技术的企业的相对盈利率、采用新技术所需的投资额，再考虑到一些假定，他得出的结论是："模仿比率"与"模仿率"成正比；"模仿"与"守成"相比的相对盈利率与"模仿率"成正比；采用新技术所要求的投资额占企业资产总额之比，与"模仿率"成正比。曼斯菲尔德的技术推广模式能够在一定程度上有助于对技术推广的理解，对于一个地区采用模仿创新的手段来提高技术创新能力有一定的推动作用。

曼斯菲尔德、维尔金斯等人还对国际技术转移进行了研究，对通过区域间的技术转移提高区域内企业技术创新能力提供了量化分析方法，对于通过区域间的技术转移、技术引进提升区域内企业技术创新能力有一定的指导意义。曼斯菲尔德把国际技术转移分为垂直转移和水平转移两类。垂直转移指甲国把基础科学研究成果应用于乙国的应用科学，或把甲国的应用研究成果应用于乙国的生产技术中；水平转移指甲国的生产技术应用于乙国的生产企业。后者的转移尤其值得注意，而这又是与技术人才不可分的。曼斯菲尔德也对国际技术转移的成本问题进行了研究。他认为，国际技术转移的成本包括：专利和特许的使用费，技术转移的资源成本，效率损失，为使引进的技术适应于本国条件而支付的研究和发展费用，等等。维尔金斯则把国际技术转移分为简单技术转移和技术吸收两类。简单技术转移，指某种先进技术转移到国外，而不管国外采用这种先进技术的单位能否复制出来；技术吸收指先进技术转移到国外，并被国外采用这种先进技术的单位复制出来。维尔金斯认为，后者无疑更为重要。维尔金斯还分析了国际技术转移的障碍，这些障碍有的来自技术输出国，有的来自技术输入国。来自技术输出国的障碍包括技术保密、专利权、政策考虑等；来自技术输入国的障碍包括需求、资本、自然资源、劳动成本、技术、规模、基础结构、文化、轻重缓急安排等。维尔金斯也研究了国际间技术转移的途径问题，他认为，从理论上说，一家企业或一国政府能通过四个途径向国外输出新技术：向国外销售新产品；向国外出售专利权或设计；同外国政府或企业发展技术援助关系，传授技术知识；在外国投资建厂。一家企业或一国政府从国外得到新技术的途径有：从国外进口新产品和新机器设备，并仿制它们；向国外购买专利权或设计，在国内组织生产；接受外国政府或企业的技术援助，或派人去国外学习技术；吸引外资在国内建厂，从中获得新的生产知识[①]。

第二阶段是 20 世纪 70 年代中期以后，技术创新理论的研究向综合方向发展。学者们从多个角度、多个层面对技术创新的定义、

---

① 参见刘东等：《中小企业与技术创新》，社会科学文献出版社 1998 年版，第 63—65 页。

技术创新的主体、技术创新的动力和来源、技术创新的阻力机制和环境因素、技术创新的扩散等，以及提升技术创新能力的政策、措施问题，如创新战略、技术计划、技术转移、创新政策等展开了深入的研究，同时更注重通过提高企业技术创新能力而促使区域经济增长。

（二）技术创新与技术创新能力的概念

学者们在对技术创新问题进行的研究中，不可避免地都涉及对"技术创新"概念的定义问题。索罗（S. C. Solow）经过对创新理论的深入研究后，在《在资本化过程中的创新：对熊彼特理论的评论》一文中，提出了创新成立的两个条件，即新思想的来源和以后阶段的实现发展。这一"两步论"被认为是技术创新概念界定研究上的一个里程碑[①]。1962 年，伊诺思（J. L. Enos）在其《石油加工业中的发明与创新》一文中，从行为集合的角度把技术创新表述为，"技术创新是几种行为综合的结果，这些行为包括发明的选择，资本投入保证，组织建立，制订计划，招用工人和开辟市场等"。英国科技政策研究专家弗里曼（C. Freeman）在《工业创新中的成功与失败研究》（1973 年）中将技术创新定义为"是技术的、工艺的和商业化的全过程，其导致新产品的市场的实现和新技术工艺与装备的商业化应用"。在《工业创新经济学》（1982 年）中，弗里曼进一步将技术创新定义为"新产品，新过程，新系统和新服务的首次商业性转化"。此外，曼斯菲尔德（M. Mansfield）、林恩（G. Lynn）、厄特巴克（J. M. Utterback）、迈尔斯（S. Myers）、马奎斯（D. G. Marquis）以及日本近代经济研究会、美国国会图书馆研究部、经济合作与发展组织等许多专家学者和经济组织对技术创新的定义还有很多。美国电气电子工程协会的

---

① 参见四川大学经济学院课题组：《企业技术创新理论研究的回顾与展望》，《西南民族学院学报》（哲学社会科学版）2002 年第 3 期，第 188 页。

莫埃斯曾在 20 世纪 80 年代，对 350 多篇已发表的有关技术创新的文章进行分析整理后，列举的技术创新的定义有 39 种之多。

从国内来看，随着技术创新理论的研究和实践活动的蓬勃发展，许多专家就技术创新的概念提出自己的理解。清华大学的傅家骥教授在其《技术创新学》中将技术创新定义为：企业家抓住市场的潜在盈利机会，以获取商业利益为目标，重新组织生产条件和要素，建立起效能更强、效率更高和费用更低的生产经营系统，从而推出新的产品、新的生产工艺、方法，开辟新的市场，获得新原材料或半成品供给来源或建立企业的新的组织，它是包括科技、组织、商业和金融等一系列活动的综合过程。浙江大学许庆瑞教授认为，技术创新泛指一种新的思想的形成、得到利用并生产出满足市场用户需要的产品的整个过程。广义而论，它不仅包括技术创新成果本身，而且包括成果的推广、扩散和应用过程。西安交通大学汪应洛教授认为，技术创新就是建立新的生产体系，使生产要素和生产条件重新组合，以获得潜在的经济效益。电子专家俞忠任认为，技术创新是科技与经济的结合，是以技术为手段，以满足生产需求和促进经济发展为目标，科技与经济互相促进和转化的过程，它既包含着技术的获取与掌握，又包含着技术的扩散、转移和渗透，还包含着市场开拓、售后服务以及改进翻新。此外，西安交通大学李垣教授、科技管理专家贾蔚文、科技管理专家汤世国、经济学家李京文、郑友敬等也对技术创新作了界定。

综上可以看出，对"技术创新"的定义，国内外学者给出的定义繁多，迄今为止尚未形成一个严格的、统一的定义。这主要是因为技术创新是一个涉及面广、影响大而且十分复杂的过程，从不同的研究范围、研究内容、研究方法和角度去研究，就会赋予技术创新以不同的定义。就目前来看，多数学者都是基于微观的角度研究技术创新的概念，只不过某些概念主要强调的是产品创新和工艺创新，另一些概念将创新的过程扩展为企业技术创新的全过程，包括从最初的发现，直到最后商业上的成功以及新技术的扩散。

本研究立足于对山东省区域内中小企业整体技术创新能力提升，所用的有关概念和理论，是建立在区域经济学和现代技术创新经济学的有关理论的基础上的，因此对技术创新是基于区域企业总体技术创新能力的理解之上的，力求体现科学、技术、教育以及政治经济之间正式又复杂的相互关联，是各式各样的行动者和机构之间复杂的相互关联的结果，使不同的行为者（包括企业、实验室、科学机构与政府）之间进行大量交流，以及在科学、工程、产品开发、生产和销售之间进行反馈。因此，可将中小企业技术创新这一概念大致界定如下：中小企业技术创新是科技与经济的结合，是以一定区域内中小企业为主体，以实现商业利益和促进经济增长为目标，从新产品和新工艺设想的产生（获取）、研究开发、应用于生产、进入市场销售并实现商业利益以及新技术扩散和转移整个过程的一切技术经济活动的总和。

技术创新能力的概念是建立在对技术创新的理解的基础上的。由于对企业技术创新概念有不同定义，对此概念，国内外学者也有很多解释。国外有研究认为企业技术创新能力是便于组织支持企业技术创新战略的企业一系列综合特征。它包括可利用资源及分配、对行业发展的理解能力、对技术发展的理解能力、结构和文化条件、战略管理能力（Burgelman，Maidigue，1988）。另外，巴顿认为企业技术创新能力的核心是掌握专业知识的人、技术系统、管理系统的能力及企业的价值观（1992）。国内学者认为，企业技术创新能力是支持企业创新战略实现的产品创新能力和工艺创新能力的整合及由此决定的系统的整体功能。企业技术创新能力的强弱反映在企业研究开发出来的产品的技术水平、产品满足顾客需要的程度、对创新产品投入生产的能力以及产品市场化的能力[①]。同时，在这一概念的基础上国内的许多学者还对企业技术创新能力的结构进行了分析。

---

① 参见魏江：《企业技术能力论》，科学出版社 2002 年版，第 39 页。

此外，国内外学者还从技术创新能力的基本要素和结构上对技术创新能力的概念进行了定义，代表性的观点有：（1）技术创新能力是组织能力、适应能力、创新能力和技术与信息的获得能力的综合（Larry E Westphal）；（2）技术创新能力是产品开发能力、改进生产技术能力、储备能力、组织能力的综合（Seven Muller）；（3）技术创新能力由可利用的资源、对行业竞争对手的理解、对环境的了解能力、公司的组织文化和结构、开拓性战略等组成（Burgelman）；（4）对于企业技术创新能力，可从企业技术创新的过程来探讨，企业技术创新的线性过程可以分解为六个阶段，即确认机会、形成思想、求解问题、得解、开发、运用并扩散（许瑞庆，1986）；（5）企业技术创新能力包括 R&D 能力、制造能力、市场营销能力、组织能力、资金投入能力（魏江，2002）。另外，关士续（1990）、顾国强、李文旭（1993）等也从结构上对技术创新能力进行了定义。

总体来看，国内外对技术创新能力的研究大多是从微观（企业）的角度来探讨企业技术创新能力的概念，对区域内企业技术创新能力的研究，多数是从事区域竞争力研究的专家学者所涉及的，专门就区域企业技术创新能力展开研究的专著和学术报告，目前还很少见。但有了对技术创新概念的理解，对企业技术创新能力的概念与结构的认识就相对容易得多。

我们认为：中小企业技术创新能力，是指区域内中小企业依靠新技术创新推动中小企业的发展和区域经济增长的能力。也就是通过区域内中小企业技术创新，使中小企业满足或创造市场需求，增强企业竞争的能力。它是以区域内中小企业为创新主体，以区域内政府有关部门、大学和科研机构、中介组织等推动，旨在提升区域内中小企业技术发明、技术创新和技术扩散等技术知识的渐进积累和释放能力，从而推动中小企业的发展和区域经济增长的综合过程。

（三）区域技术创新理论的发展及其对中小企业技术创新理论的影响

区域技术创新和经济增长理论的发展对中小企业技术创新理论产生了重要的影响。其中较有代表性的理论是：

1. 经济成长阶段论[①]

经济成长阶段论研究的内容主要是技术创新在区域经济成长各个阶段中的作用。其代表人物为美国经济学家罗斯托，他的主要著作有《经济成长的过程》（1950）、《经济成长的阶段》（1996）、《政治与成长阶段》（1971）、《这一切怎样开始：近代经济的起源》（1975）、《由此及彼》（1978）、《穷国与富国》（1978）等。罗斯托认为，区域经济增长分为六个阶段，区域经济增长总是先由某个部门进行技术创新开始的，技术创新使该部门降低了成本、扩大了市场、增加了利润、扩大了对其他部门产品的需求，从而带动了地区经济和整个国民经济的发展，这种起带头作用的部门被称为主导部门。在经济发展的过程中，主导部门是不断变化更替的，当一个主导部门赖以建立的新技术扩散到其他部门后，它就不再是主导部门，而新的主导部门又会建立起来。至于主导部门对整个经济增长的影响可以分为三种：一是回顾影响，指主导部门的技术创新对某些生产资料供给部门的影响；二是旁侧影响，指主导部门对其他部门和地区的影响；三是前瞻影响，指主导部门对新工艺、新技术、新原料、新能源的诱导作用，它促使了新主导部门的产生。因此，没有技术创新，就不会有新的主导部门，也就不会有真正意义上的经济增长。经济成长阶段论为人们认识技术创新能力的提升对区域经济增长的作用提供了新的视角。

2. 增长极理论[②]

增长极理论研究的内容主要是技术创新在区域经济发展中极化

---

① 参见刘东等：《中小企业与技术创新》，社会科学文献出版社 1998 年版。

② 参见丛林：《技术进步与区域经济发展》，长春出版社 2001 年版，第 23—24 页。

和扩散效应，代表人物是法国经济学家弗朗索瓦·佩鲁。1955年，弗朗索瓦·佩鲁在《略论"发展极"的概念》一文中首次提出增长极概念，提出了非均衡增长观点的增长极理论。该理论认为，增长极具有"支配单位"和"创新"的特征，它能形成一定势力范围的"经济空间"，对周围地区发生支配作用，能通过不断的技术创新和制度创新，对其他经济单位施加影响，迫使其产生相应的变化。增长极同时具有极化效应和扩散效应。增长极的扩散效应受距离衰减规律制约，首先向邻近地区扩散，呈现等级扩散现象。等级扩散是跳过紧邻的小城镇，向距离较远的较高等级城市扩散，再向次一级城镇扩散。等级较高的城市硬环境和软环境相对优越，接受扩散的能力较强。增长极中有创新能力的企业不断进行技术创新，推出新技术、新产品、新组织与新生产方法，一方面从其他地区或部门吸引最新技术或人才；另一方面又将自己的新技术推广或扩散出去，对其他地区产生技术影响。增长极理论倡导通过政府人为干预形成企业集群，带动区域内创新能力的提升，促进地区经济发展的机制。

3. 技术差距理论

技术差距理论研究的内容主要是验证技术创新及扩散与经济增长关系。该理论是英国经济学家波士纳（R. Posner）1961年提出的。波士纳认为，某国发明了一种新技术或新产品以后，由于国外尚未掌握，便产生了国际的技术差距，由于存在着这种差距所以在国际贸易中存在着比较优势；从动态观点看，一个技术要素丰裕的地区（国家）会不断创新、不断生产新产品。费格伯格（J. Fagerberg）等人在波士纳的基础上，进一步研究认为，经济过程取决于创新和扩散之间的相互作用，其中创新趋向于增加区域之间的技术和经济差距，而扩散（或模仿）则趋向于减少国家之间的经济差距。技术差距理论立足于四个预设：（1）一定区域的技术和知识水平与经济发展水平之间存在着密切联系；（2）一定区域的经济增率受到其技术水平增长率的正面影响；（3）处于低水平的区域，可以通过模仿和学习，提高其经济增长率；（4）一定区域的利用"技术差距"的能力，取决于动员各种资源进行社会制度和经济结构变革的能力。据此费格伯格建立了如下模型：$dY/Y = ah - ahQ \times /Qf + bdT/T + edC/C$，Y 表示区域产出水平，$Q\times$ 和 Qf 分别为所研究区域与前沿区域的技术存量，T 表示本区域的技术水平，C 为区域利用技术的水平，h 为常数。这个模型认为，经济发展取决于来自区域外的技术扩散，取决于本区域技术创新能力的增长。

4. 梯度转移理论[①]

梯度转移理论研究的内容主要是对技术创新在区域经济发展中转移扩散问题。梯度转移理论是在技术差距理论和产品生命周期理论基础上建立起来的理论。梯度转移理论以区域间的经济和技术差距为基础，提出了技术在区际的转移过程和产品与产业在区际的转移过程，经济上的差距已经造成技术上的差距，形成区域的梯度，以及由此形成的区域间经济和技术的转移过程。区域的梯度是区域技术转移扩散的动力，也是区域经济发展的动力。随着经济的发展，推移的速度加快，区域间的差距就可以逐步缩小，最终实现经济分布的相对均衡。梯度转移理论认为："经济发展步骤不可超越，而应该适应发展中国家薄弱的基础，首先采用中间技术，甚至发展传统技术，再逐渐过渡到先进技术。"[②] 由于不同地区的经济基础存在差异，客观上出现先进技术地带、中间技术地带和传统技术地带，形成不同的梯度。不同梯度间有技术和经济的转移关系，处在高梯度的地区要预防经济结构老化，要"不断创新，建立新行业、新企业、创造新产品，保持技术上的领先地位"。处在低梯度的地区，经济发展"首先占有较大优势的初级产业、劳动密集

---

① 胡兆量：《中国区域发展导论》，北京大学出版社 1999 年版，第 101—103 页；吴传钧等：《现代经济地理学》，江苏教育出版社 1997 年版，第 311—312 页。

② 吴传钧等：《现代经济地理学》，江苏教育出版社 1997 年版，第 311—312 页。

型产业，尽快接过那些从高梯度地区淘汰或外溢出来的产业，发展地区经济，并尽可能争取外援，从最低的梯度向上攀登"①。梯度转移理论的最大弱点是不能说明区域技术创新能力跨越发展的实例，如美国的犹他州、印度的班加罗尔和我国的深圳。因此，该理论不能满足欠发达地区提升技术创新能力的迫切要求。

5. 三螺旋理论②

1996 年在荷兰阿姆斯特丹召开的"大学与全球知识经济"大会上学者们提出了三螺旋理论。该理论认为，在崇尚创新的知识经济社会里，创新制度环境的各要素——政府、企业和大学，会以市场需求为纽带而联结起来，形成一种三股力量交叉影响的三螺旋关系，从而影响区域技术创新能力，特别是对科技园区和区域内中小企业的技术创新能力的提升的贡献尤为突出。

6. 区域技术创新系统理论③

区域技术创新系统理论主要是对区域技术、经济、政治等因素相互关联、相互作用的研究。该理论是 20 世纪 80 年代后期基于人们对创新的广义理解的基础上逐渐发展起来的，其代表人物是英国学者弗里曼（C. Freeman）和美国学者纳尔逊（R. Nelson），它包括区域创新系统理论和国家创新系统理论和国际创新系统理论。创新系统理论基于对创新的广义理解，立足于研究方法上的"系统范式"，强调技术创新行为的实现，依赖于不同参与者的相互作用，联合推进新技术的发展与扩散；新技术的创造、储存和转移、扩散具有系统性，是基础研究、技术应用、教育以及政治经济之间正式而又复杂的相互关联，是各式各样的行动者和机构之间复杂的相互关联的结果，"创新要使不同的行为者（包括企业、实验室、科学机构与消费者）之间进行大量交流，以及在科学、工程、产

---

①　胡兆量：《中国区域发展导论》，北京大学出版社 1999 年版，第 101—103 页。

②　王德禄等：《区域的崛起》，山东教育出版社 1999 年版，第 105—106 页。

③　刘东等：《中小企业与技术创新》，社会科学文献出版社 1998 年版，第 67 页。

品开发、生产和销售之间进行反馈"①。显然，区域创新系统理论研究的是区域内各要素之间相互作用的方式，研究的重点在于探究提高区域的整体功能，改进技术创新各要素的流动的方式方法，以推动区域技术创新能力的提升和区域经济的可持续发展。

7. 区域技术集群创新理论②

20 世纪 70—80 年代以来，一些新的经济聚集现象特别是同类产业的空间聚集引起了人们的广泛关注。在美国、法国、英国、德国以及意大利等许多国家和地区产生了一批飞速发展的产业集聚区，在这些地区，生产同样类型的产品的企业聚集在一起，网络式合作中不断产生的创新动力，促使这些地区经济的飞速发展。迈克尔·波特（Michael Porter 1990）、克鲁格曼（Krugman，1991）、哈里森（Harrison，1992）、斯卓坡（Stroper，1992）、朗赤（Rauch，1993）、梅季布姆（Meijboom，1995）等对区域创新集群出现的原因和地域特征进行了理论探讨，其中较新的观点认为，规模小、专业化程度高和灵活性强的企业倾向于聚集在高度创新型区域；区域技术的集群创新，有利于区域内高技术企业集群发展，而高技术企业集群发展是推动区域经济跨越式发展和持续后劲的重要支撑。很多学者对世界著名高新技术产业聚集地区进行了实证研究，如萨克森宁对美国硅谷和美国东北部 128 号公路地区的创新集群进行了对比研究，分析了其形成的原因和存在与发展的特征；哈森克和伍德（Hassink & Wood，1998）在对德国耶拿光学工业集群和慕尼黑电子产业集群的实证研究中指出，高技术产业的地理聚集并不一定必然导致区域研究与开发的合作及区域创新现象；巴斯（Bass，1998）对以政府主导为特色的研究园区进行了研究，指出了日本经济园区发展中的经验与教训。

---

① 经济合作与发展组织：《以知识为基础的经济》，机械工业出版社 1997 年版，第 13 页。

② 熊军：《集群的概念、假设、理论及其启示》，《外国经济与管理》2001 年第 4 期，第 2—7 页。

迈克尔·波特认为，企业集群发展能够提高群落内企业的持续创新能力，并日益成为创新的中心。企业持续联系有助于企业通过相互学习来改进技术、机器及部件的适用性，以及服务与市场观念；发生在企业群落内的竞争压力、潜在压力和持续比较也构成了企业群落的创新动力。波特还认为，企业群能够提高群落内企业的生产率，使每个企业在不牺牲大规模企业所缺少的柔韧性的条件下，从群落中获得益处；群落内专业人才市场降低了雇员与企业之间的相对搜寻成本及交易成本，还能吸引优秀的人才到群落内工作；地理上相互邻近的企业之间容易建立起协调与信息机制，还降低了运输成本以及契约的搜寻、谈判与履行成本，机会主义行为大为减少；由于地理的邻近及企业之间的联系、提高信誉与增加对消费者吸引力方面的组合，经济效应具有"1＋1＞2"的性质；政府及有关公共机构提供的专业基础设施或教育项目，以及企业群落的信息、技术、声誉等准公共物品能够被群落内的企业共享。然而，波特理论也受到了批评。一般认为，波特理论解释了已经存在的群是如何诞生和成长的，但是不能预测它们将如何发展以及什么是还未诞生的"成功中心"等问题。

8. 创新环境理论

创新环境研究是20世纪90年代国际学术界技术创新研究的重点领域之一。创新环境理论是欧洲的一些创新研究学者基于对当地和区域经济发展中高科技产业的迅猛发展的洞察和理论思考提出的概念。创新环境理论的核心是了解什么外部条件有利于新企业的成长和现有企业的创新。创新环境理论认为，产业的本地化包括提升整个社区的技术和专业化水平，提供丰富的高素质劳动力，增加辅助的贸易和专业化服务，满足众多公司的需求，为采用更加专业化的机构创造条件。企业聚集使大家可以共享单个企业无法实现的大规模生产和技术以及组织创新的好处。相对于马歇尔强调企业家个人主义的自由发展反对政府干预的倾向，创新环境理论则更强调产业区内创新主体（企业）的集体效率，强调中小企业创新行为的协同作用。

该理论近年来的主要研究动向包括：（1）对不同层次区域创新环境的研究，主要倾向于与区域内企业或企业集群创新相关联的区域社会环境的研究，部分文献涉及较为宽泛的创新环境，对于区域范围之外的区域创新背景的研究则较少涉及；（2）对区域创新环境的动态过程研究，主要分析创新环境的过程演化规律、发展道路或轨迹，如英国剑桥大学战略管理研究所的甘希（Gansey，1998）指出高技术产业的区域创新环境具有发展过程的遗传特征，达曼珀尔和高帕拉克里斯南（Damanpour & Gopalakrishnan，1998）研究了环境变化对区域创新组织结构的影响，李远（1999）研究了创新环境的协同发展过程；（3）创新环境与区域内企业（包括跨国公司和地方中小企业）与地方环境的相互作用问题，是区域创新环境研究的重点内容，主要研究跨国公司如何在实现全球经营战略的同时实现与地方经济的结合，对于地方中小企业则侧重于如何优化其实现创新的区域环境；（4）对区域整体创新环境优化的研究，主要从地区政府的角度，分析如何优化其所辖范围内的地域生产（包括物质生产和知识生产）系统的整体环境，以提高区域经济技术的整体竞争力，如麦拉特（Maillat，1998）等人对区域创新环境与区域政策关系的研究。

另外还有一个重要的欧洲学派是由法国、意大利、瑞士区域科学家组成的小组（区域创新环境研究小组），他们的主要概念是文化环境。这个概念是美国社会学家格兰诺维特的嵌入性或根植性转移到地域上的概念。这个概念把产业的空间聚集现象与技术创新活动联系在一起，使该理论流派相当有影响力。该学派有很多理论分支，从创新看来，环境是一种发展的基础或背景，它使得创新性的机构能够创新并能和其他创新机构相互协调。

9. 企业技术能力理论

企业技术能力反映了一个企业从外部获取先进的技术信息，

并结合内部的知识，创造出新的技术与信息，实现技术创新与扩散，同时又使技术与知识得到储备与积累的能力①。技术能力思想的萌芽始于 20 世纪 60 年代，该阶段的代表性观点有阿罗的"干中学"思想和罗森伯格的"用中学"思想。理论初步形成的标志是马丁·弗莱斯曼和肯尼斯主持的"第三世界技术能力"课题的完成，其于 1984 年在香港出版。到 80 年代后期，理论界开始从微观的角度研究技术能力，即从企业的角度研究技术能力使这一理论得到了扩展。宏观层次技术能力的研究对象是一个国家（主要是发展中国家）如何通过技术引进、消化吸收、提高自主技术创新能力，实现对发达国家的技术赶超。微观层次的技术能力研究揭示了技术能力较低的企业（主要也是发展中国家的企业）如何从技术能力较高的企业获取先进的技术知识，经过消化吸收实现自主创新能力，提高企业产品的市场竞争力等问题。

目前，企业技术能力理论较普遍的观点是建立在微观的基础之上的。该理论认为，企业技术能力与技术创新能力有着很强的关联性：第一，技术能力是企业内在的能力的反映，而技术创新能力是外在的反映，它们集中通过企业开发产品的技术水平反映出来；第二，企业技术创新能力的提高建立在技术能力增长的基础上；第三，无论技术能力、技术创新能力，都不能对企业技术创新的进行与实现起完全作用，企业要实现技术创新，必须要与内外部条件相结合。可以看出，由于企业技术能力理论中所说的企业技术创新能力是建立在微观的基础之上的，所以目前该理论对企业技术创新能力研究的视野也就拘谨在微观经济学领域，从区域经济增长的角度研究企业技术能力目前还较少。

---

① 魏江：《企业技术能力论》，科学出版社 2002 年版，第 16 页。

其他与技术创新能力有关的理论，如对技术创新的进化理论①、技术创新政策体系理论②的研究等，都对中小企业技术创新能力理论的研究产生了重要的影响。

（四） 企业规模与技术创新能力的关系

熊彼特创立了创新理论以后，关于"大企业和中小企业谁在技术创新中的作用更大？"的问题一直是理论上争论的焦点，很多中小企业技术创新的研究也分散在这些研究之中。

1. 大企业优势论

熊彼特在 1947 年发表的《资本主义、社会主义和民主》一书中，强调了垄断在创新中的巨大作用，认为市场垄断地位是企业承受与创新相关的风险和不确定性的先决条件，"大企业是技术进步最有力的发动机"。后来，加尔布雷斯、卡米恩、施瓦茨、谢勒尔等人的研究受到熊彼特的影响，认为大企业是推动创新的最主要、甚至是唯一的力量。他们还把相似的观点归结为两个假设：一是大企业会促进创新，而小企业则会妨碍技术创新；二是不完善竞争的市场比近乎完善竞争的市场更有利于技术的变革③。

文献中关于大企业在创新活动中的优势可以总结为以下几点：（1）可吸引更多的人才、资金，R&D 能力更强，在创新管理水平、生产技术、生产设备、信息控制、市场销售等方面都具有明显优势；（2）创新资源投入的实力较大，能承担创新所需要的较高的固定成本，能向不同研究项目进行分散化投资，承担风险的能力更强；（3）研究开发活动的专业化和分工的效率可以产生规模经济，

---

① 四川大学经济学院课题组：《企业技术创新理论研究的回顾与展望》，《西南民族学院学报》（哲学社会科学版）2002 年第 3 期，第 190—191 页。

② 技术创新政策体系理论认为政府应提出三套科学技术政策，以刺激技术创新，提高区域技术创新能力：一是扶持、资助和鼓励基础技术的发明和创新；二是推动和促进基础技术创新的传播和应用；三是改善对外国先进技术的进口，并促进其在国内的广泛应用。

③ 刘东等：《中小企业与技术创新》，社会科学文献出版社 1998 年版，第 71 页。

规模经济使其 R&D 投入的收益增加，创新带来的成本降低和新产品获取的收益要远大于中小企业；（4）有较大的市场优势，更能发现和把握创新的市场价值，因此减少了创新的不确定性和风险性；（5）与外部环境的联系较密切，利用外部创新资源的能力较强，对创新收益的保护能力较强。

关于中小企业在创新活动中的劣势可以总结为以下几点：（1）创新资源投入的实力较弱，不具有 R&D 的规模经济，创新风险较大，常因单一的创新项目而无法分散创新投资的风险，承担风险的能力较弱；（2）缺乏创新资金、人才、技术和信息，创新机制不健全，创新管理能力较差，技术成果商业化能力有限，即使已取得研发成果，也可能会因生产制造和营销能力不足而导致整个创新的失败；（3）面临强大的竞争压力，拥有的市场份额较小，相应的市场风险较大；（4）企业内部功能有限，应付外界环境的能力很差，知识产权的保护能力不足，与外部的信息交流能力较弱，获取外部创新资源的能力较弱。

2. 中小企业优势论

在研究企业规模和创新之间的关系问题上的另一种观点与熊比特等人截然不同。他们拥护古典和新古典经济学的观点，即竞争驱使下的中小企业能最有效地促进技术创新。研究者们从实证和理论两个方面进行了考察，发现在形成产业化和"规模经济"的行业中，也即大企业占主导地位的行业中，技术进步的进程相当缓慢。

20 世纪 50 年代至 70 年代，曼斯菲尔德在考察了数个产业后认为：在给定规模的企业中，一个企业的重要发明与其研究和开发费用的高低相关……在大多数产业，大公司给定规模的 R&D 项目的生产率不如一些小企业高。

谢勒尔在他的研究中选择了两个指标来研究创新与企业规模的关系，即 R&D 支出和专利发明。前者是关于创新的投入，后者是关于创新的产出。他对 196 个产业的 R&D 支出随企业规模的弹性变化做了估算，结果表明绝大多数产业的 R&D 支出随企业规模的增大而增大。1965 年，谢勒尔对 1955 年《幸福》中公布的 500 家大企业中的 448 家的创新情况进行了分析，结果表明专利发明（创新）并不与企业规模的增长成正比。这表明，大企业更倾向于增大 R&D 投入，但不同规模的企业在创新的产出上并没有表现出明显的差异。他的研究结果也得到了其他更大规模实证研究的支持。他还研究了市场结构对创新收益的影响水平，得到的结论是：在竞争企业数不是很多的情况下，竞争一般会加快创新的步伐，即当一个新市场刚刚打开时，竞争比垄断更能推动创新步伐。

阿罗在 1970 年发表的《经济福利和发明的资源配置》一文中，比较了完全垄断和完全竞争两种不同的市场结构对发明（创新）的影响，他的结论是：完全竞争比完全垄断更有利于发明（创新），但是两种市场结构都低于社会期望的最优状态。当然，阿罗只讨论了极端的市场结构，其后很多学者在他工作的基础上，做了大量更深入的研究。

卡米恩和施瓦茨贝论证了在完全垄断而无竞争的市场条件下，重大的技术创新不容易产生，因为此时缺乏竞争压力。而在完全竞争的条件下，因企业规模小，创新条件有限，也不利于产生重大的技术创新。他们的结论是：一个介于垄断和完全竞争之间的市场结构，将会促进最高速度的发明创新活动，而由各具特色的中型企业组成的新企业可以随时进入的行业最适合技术的进步。

美国巴尔的摩大学的经济学家阿科斯等人在上述研究的基础上，进一步将理论向前推进。阿科斯和奥德斯对 1982 年美国 34 个创新最多的行业中不同规模企业的创新数作了比较，结果是：中小企业创新在 14 个行业占优势，其余的 20 个行业大企业占优势。即在某些行业，大企业创新活动比较活跃，而在另外一些行业，中小企业创新活动较为活跃。另外，在一些新兴行业（如计算机行业等），中小企业表现出更大的优势。他们进一步研究了制造业企业按创新频率的分布情况，结果表明大约有 1/4 的创新企业至少有 16 项创新，1/2 强的企业创新少于 6 项，但大企业和中小企业之间没有表现出明显的差异，也就是说，大企业并没有表现出特别明显的优势。

阿科斯等人还有一个研究结果，就是中小企业可以在自身投入较少的情况下，主要借助大学、大公司的 R&D 投入所产生的知识和创新成果的扩散，来进行技术创新活动。

文献中关于中小企业在创新活动中的优势可以总结为以下几点：（1）企业的产权结构简单清晰，企业家有明确的利益激励和强烈的创新倾向，把创新作为竞争战略的核心，在巨大的竞争压力下更易于选择创新机会以获取生存和发展，创新的主动性较大；（2）企业技术创新的转换成本较小，相应的创新障碍较小，创新的灵活性较大；（3）企业的管理结构简单宽松，对创新更易于接受，组织与决策灵活高效，对市场变化反应迅速；（4）企业组织层次少，上下级关系近，内部交流多，内部信息流通高效；（5）与政府、科研机构的合作较多。

关于大企业在创新活动中的劣势可以总结为以下几点：（1）官僚体制不利于创新的风险投入，决策层更趋于保守，企业家精神弱化；（2）大企业的行政等级制度和 R&D 成果的产权制度会抑制研究人员的创新积极性；（3）创新的转换成本较大，相应的创新风险较大，企业创新的积极性不高；（4）较大的组织会产生组织与决策的惯性和更困难的管理问题，R&D 的灵活性因此而受到限制，不能灵活应对市场变化；（5）在新兴产业，由于技术和市场的变化很快，大企业的市场反应迟钝，转换成本较大，创新风险也很大。

近年来，随着新技术革命，即美国未来学家托夫勒所说的"第三次浪潮"兴起以后，能够使专业人员充分发挥积极性和创造性的中小企业，在技术创新中的优势在许多方面突显出来，中小企业受到各国的普遍重视，特别是高新技术中小企业的快速成长，使很多学者认为，"1973 年英国经济学家舒马赫的《小的是美好的》发出的信息，成为新时代来临的号角"①，中小企业是技术创新的主要力量。在这种情况下，我们应该"小心对待'大就准坏'的断言"②，使区域内大企业与中小企业的技术创新能力得到共同的提高。

（五）国内中小企业创新能力理论研究状况

在我国，党的十五大报告明确提出要把提高中小企业创新能力作为实现两个根本转变的重要手段。近几年来，学者们对中小企业技术创新能力的研究逐渐深入。其中较有代表性的是：

（1）对中小企业技术创新能力重要性的研究（吴敬琏，2002）、（刘东、杜占元，1997）、（宋养琰，1998）、（江小涓，1999）。

（2）对中小企业技术创新能力结构的研究（顾国强，1990）、（李文旭，1993）。

（3）对中小企业技术创新能力培育的研究（吕国胜，2000）、（林汉川、魏中奇，2001）。

（4）对中小企业技术创新能力与政府和社会化服务体系的关系的研究（秦世俊、窦新龙，2001）。

（5）对中小企业技术创新能力与企业内部组织的关联研究（许庆瑞、魏江，2001、2002）。

（6）对中小企业技术创新能力评价的研究（张克让、胡恩华，2001）。

山东省的学者和政府有关部门，在一些中小企业改革与发展的研究论文和工作报告中多涉及中小企业技术创新能力的问题，但目前还没有学者对我省中小企业技术创新能力作系统、全面的研究。

---

① 吴敬琏：《制度重于技术》，中国发展出版社 2002 年版，第 29 页。
② 保罗·萨缪尔森：《经济学》（第十六版）中文译本，华夏出版社 1999 年版，第 148 页。

（六）结论

综合上述研究结果，大致可以得出下列结论：

第一，区域中小企业技术创新理论是在熊彼特创新理论和马歇尔的"小企业群落"理论的基础上，经企业技术创新能力理论和区域技术创新理论的衍生和发展，逐渐建立起来的理论体系。研究过程大体可分为两个阶段：第一阶段是 20 世纪 70 年代中期以前，以美国为中心，在"新熊彼特学派"旗帜下，一批学者从不同角度针对熊彼特所提出的许多假说进行实证分析和解说，研究的问题主要是新技术推广、技术创新能力与市场结构的关系、企业规模与技术创新能力的关系等。第二阶段为 20 世纪 70 年代中期以后，技术创新能力理论的研究向综合方向发展，并在综合已有研究成果的基础上，将技术创新理论和区域经济理论相结合。学者们从多个角度、多个层面对技术创新的主体、技术创新的动力和来源、技术创新的阻力机制和环境因素、技术创新的扩散等问题，以及提升技术创新能力的政策、措施问题，如区域创新战略、区域技术计划、区域技术转移、区域创新政策等展开了深入的研究，同时更注重研究成果对区域社会经济技术活动的指导作用，注重通过提高企业技术创新能力而促使区域经济增长，对中小企业技术创新能力的理论研究起着巨大的推动作用。尽管目前该理论尚不成熟，但是由于中小企业的技术创新能力是其核心竞争力的重要方面，它对于推动一个地区经济增长和提升区域竞争力有着至关重要的作用，因此近年来受到国内外学者和政府组织的普遍关注。

第二，技术创新能力概念的提出，也是一种理论上的突破，它与传统经济学的观点和一些科学技术发展的观点有着许多重大区别，它不是孤立地看待科学研究、技术发明以及经济自身的运行。本研究的立足点是对山东省区域内中小企业整体技术创新能力提升进行研究，所用的有关概念和理论，是在区域经济学和现代技术创新经济学的有关理论的基础上建立的，因此对技术创新是基于区域企业总体技术创新能力的理解之上的，力求体现科学、技术、教育以及政治经济之间正式而又复杂的相互关联，是各式各样的行动者和机构之间复杂的相互关联的结果，使不同的行为者（包括个人、企业、实验室、科学机构与政府）之间进行大量交流，以及在创新构想的形成、科学研究与实验发展、生产制造和销售之间进行反馈。因此，可将中小企业技术创新和技术创新能力概念大致界定如下：

中小企业技术创新是科技与经济的结合，是以一定区域内企业为主体，以实现商业利益和促进经济增长为目标，从新产品和新工艺设想的产生（获取）、研究开发、应用于生产、进入市场销售并实现商业利益以及新技术扩散、转移整个过程的一切技术经济活动的总和。

中小企业技术创新能力，是指区域内中小企业依靠新技术创新推动中小企业的发展和区域经济增长的能力。也就是通过区域内中小企业技术创新，使中小企业满足或创造市场需求，增强企业竞争的能力。它以区域内中小企业为创新主体，以区域内政府有关部门、大学和科研机构、中介组织等推动下，旨在提升区域内中小企业技术发明、技术创新和技术扩散等技术知识的渐进积累和释放能力，从而推动中小企业的发展和区域经济增长的综合过程。

第三，区域内的中小企业的技术能力、区域创新的环境与区域内中小企业技术创新能力有很强的关联性。技术能力储存在企业内部，企业技术创新能力的提高建立在技术能力增长的基础上；技术能力与区域创新的环境构成区域中小企业技术创新能力的两大前提条件；提高中小企业技术能力和优化中小企业技术创新环境是提高中小企业技术创新能力的根本途径。三者的关系和结构可用下图1—1来描述。

第四，企业规模与技术创新能力之间的关系是学者们近一个多

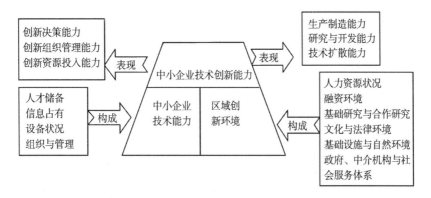

图1—1　中小企业的技术能力、区域创新的环境与中

小企业技术创新能力的关系和结构

世纪以来争论的热点问题。总的来看，随着集中程度的提高，企业的创新能力趋于下降。在不完全竞争的市场中，大企业的创新优势比较明显；而在产业成长的早期，创新和熟练劳动力的使用相对比较重要的行业，以及近于完全竞争的市场中，中小企业的技术创新表现出明显的优势。而且创新数量的多少和创新的质量水平也并不完全取决于企业规模的大小，还取决于企业的技术能力和区域创新环境。

第五，一国的企业界在该的研发活动中扮演了怎样的角色，在一定程度上真实地反映了该国研发活动的发展水平，尤其是市场化水平。尽管企业研发有这样或那样的缺点，但企业界在科技研发中充当主力军，已被历史证明非常有利于一国技术创新能力的高效、经济、迅速地提高。由于中小企业对利润的追求和其规模所限，内在地决定了中小企业的研究开发活动具有很强的目的性、实用性、经济性。同时，也由于中小企业对市场的最贴近接触和对市场信号的最灵敏反应，使中小企业最有可能根据市场需求研发新产品、改进工艺，从而推动技术创新。因此，考虑到企业在研发活动中角色的重要性，采用具体的指标对中小企业技术创新进行描述和评价是非常必要的。

三　山东中小企业技术创新能力评价

在对一定区域中小企业技术创新能力的评价分析中，如果没有客观的评价指标和评价标准，往往会流于空泛。因此，建立科学的评价指标体系，选择正确可行的评价方法，对中小企业技术创新能力进行评价，观察一定区域内中小企业的技术创新能力在国家或国际上所处的位置，不仅是对技术创新能力理论的探索，也是找准提升区域内中小企业技术创新能力的有效途径的前提条件。

（一）评价指标的确定

为了客观、科学地评价中小企业的技术创新能力，需要设计一套科学、完整且能够从全方位、多角度反映中小企业技术创新能力的指标体系。但是，由于中小企业技术创新能力涉及企业内部和外部的许多方面，要使其涉及每一方面都设置评价的指标，对中小企业技术创新能力进行评价不仅是困难的，而且如果指标过多，往往给人不得要领的感觉，结果可能是只见树木不见森林。从目前来看，不同区域间中小企业技术创新能力高低如何度量，现在尚没有完全规范化的标准。通过对国内外文献的研究可以看出，目前对中小企业技术创新能力评价的研究主要是从国家竞争力、国家创新能力和企业内部三个角度进行的。

世界经济论坛（以下简称 WEF）和瑞士国际管理发展学院（以下简称 IMD）是目前国际上最具影响的竞争力研究机构。WEF 每年出版的《世界竞争力年鉴》，通过三个层次的指标（2000 年出版的该报告第一层次 8 个指标，第二层次 47 个指标，第三层次 290 个指标）评价，对定量指标通过排名来处理，对定性指标通过问卷调查的方法处理，对我们评价中小企业技术创新能力有一定的借鉴意义。目前，IMD 每年出版的《全球竞争力报告》对 53 个国家的竞争力进行排序，其中科技国际竞争力评价涉及的 26 个指标，对我们评价中小企业技术创新能力也有一定的借鉴意义。我国学者柳玉林等曾参照该报告提出了我国地区科技竞争力评价指标体系，用 3 个层次，41 个具体指标来评价我国地区科技竞争力[①]。

从国家创新能力的角度看，不同国家有不同的指标体系，如意大利在度量国家技术创新能力时采用了专利、专利贸易、高技术产品进出口额三个指标；日本科学技术厅的国际技术评价指标为专利、技术贸易、技术密集产品输出、制造业总附加值。我国国家统计局几年来一直以技术开发经费投入、科研人员、科研成果、技术转让、新产品销售、新产品出口这六个指标为基础建立技术开发综合指数指标。有的学者认为，"这种指标是目前与我们关心的技术创新能力指标最贴近的指标"[②]。我国国家科技部则从科技进步基础、科技投入、科技产出、科技促进经济社会发展四个方面分三级（第三级 26 个指标）对省区科技进步进行统计监测评价。[③]

从中小企业内部技术能力的角度评价企业的技术创新能力，主要集中在企业的产品创新和工艺创新两个方面。克拉克（Clark；1990）提出技术创新能力可以从产品创新能力、工艺创新能力两个方面度量，其中产品创新能力是企业产品研制周期、产品研制效率、综合商品质量的综合体现；工艺创新能力是企业生产工艺设备、模具开发、小试生产、批量生产能力的综合。我国王伟强等（1995）认为，产品、工艺创新能力的评价指标是企业综合商品质量、产品研制周期、产品研制效率、样机生产周期、模具生产周期、工艺准备周期等。

我们认为，评价中小企业技术创新能力，应包括中小企业内部

---

①　中国科技发展研究报告研究组：《中国科技发展研究报告》，经济管理出版社1999 年版，第 138—158 页。

②　魏江：《企业技术能力论》，科学出版社 2002 年版，第 43 页。

③　丛林：《技术进步与区域经济发展》，西南财政大学出版社 2002 年版，第 211页。

的技术创新能力和区域技术创新环境两个方面，评价的指标包括定量分析指标和定性分析指标两种。定量分析评价的指标应本着客观性、科学性、实用性、可比性以及稳定性等原则，指标体系的设置应尽量与现行的会计指标、统计指标、业务核算指标统一，使评估指标所需的数据易于采集；指标体系要简繁适中，计算、评估方法简便、明确、易于操作；各项评估指标及其相应的计算方法、各项数据，尽量做到标准化、规范化。定性分析指标应进行充分的调查研究，抓住最重要、最有代表性的本质的东西，使复杂的问题概念化、条理化、层次化、直观化，以求得评价结果的直观性和可信度。基于以上原则，本文结合世界经济论坛和瑞士国际管理发展学院评价科技国际竞争力涉及的有关指标，我国国家统计局技术开发综合指数指标，国家科委对区域技术进步的评价指标，以及有关学者对中小企业内部技术能力、管理能力、创新机制等评价指标，从定量和定性两个方面，用 47 个指标给出中小企业技术能力的评价指标体系。具体见表1—2。

表 1—2   区域中小企业技术能力的评价指标体系

一级指标	二级指标	指标代码	指标性质
人力资源状况（指标代码 U_1，总权重0.22）	区域研究开发人员全时当量	U_{11}	定量
	中小企业家对技术创新的重视程度	U_{12}	定性
	中小企业员工主动进行技术创新的意识	U_{13}	定性
	区域内从事科技活动人员数量（人）	U_{14}	定量
	中小企业获得合格研究开发人员的难易程度	U_{15}	定性
	中小企业获得技术熟练工人的难易程度	U_{16}	定性
	中小企业技术创新人员待遇	U_{17}	定性
	区域内研究开发从业人员数量（人）	U_{18}	定量
	区域内从事科技活动的科学家和工程师数量（人）	U_{19}	定量

一级指标	二级指标	指标代码	指标性质
财力资源状况（指标代码 U_2，总权重 0.26）	区域内研究开发劳务费支出额（万元）	U_{21}	定量
	贷款担保与金融市场的服务情况	U_{22}	定性
	中小企业取得国家创新扶持基金的数量（万元）	U_{23}	定量
	区域研究开发经费总支出（万元）	U_{24}	定量
	区域内科技经费投入总额（万元）	U_{25}	定量
	中小企业研发贷款的获取的难易程度	U_{26}	定性
	政府对中小企业技术创新的补贴（万元）	U_{27}	定量
	风险投资的发展状况	U_{28}	定性
	区域内中小企业内部技术创新经费投入总额	U_{29}	定量
基础研究状况（指标代码 U_3，总权重 0.04）	重要科技成果数量	U_{31}	定量
	基础研究课题数	U_{32}	定量
	国内、国际科技论文总数（篇）	U_{33}	定量
	区域内研究与开发机构承担自然科学课题数（个）	U_{34}	定量
基础设施与环境（指标代码 U_4，总权重 0.20）	生产工艺设备先进程度	U_{41}	定性
	区域内城镇居民每百户拥有电脑数量（台）	U_{42}	定量
	科学研究与综合技术服务业新增固定资产（亿元）	U_{43}	定量
	法律保护（知识产权、专利权等）状况	U_{44}	定性
	交通、通信等设施状况	U_{45}	定性
	自然资源和环境保护状况	U_{46}	定性
	区域内科技园区和孵化器的发展状况	U_{47}	定性
	政策对中小企业技术创新的政策优惠	U_{48}	定性
	区域创新文化氛围	U_{49}	定性

一级指标	二级指标	指标代码	指标性质
研究的组织与管理（指标代码 U_5，总权重0.11）	区域内 R&D 资源的配置状况	U_{51}	定性
	区域内技术创新中介组织的作用	U_{52}	定性
	中小企业新产品研制效率（从产品研制开发到投入市场所用工时）	U_{53}	定性
	中小企业内部技术创新的管理状况	U_{54}	定性
	政府对中小企业技术创新的组织与协调	U_{55}	定性
	大学、研究机构与中小企业的合作研究状况	U_{56}	定性
	与大企业以及中小企业间的合作研究状况	U_{57}	定性
技术产出与扩散（指标代码 U_6，总权重0.17）	中小企业产品的技术含量	U_{61}	定性
	区域内中小企业对知识产权的保护意识	U_{62}	定性
	区域内技术市场成交额（万元）	U_{63}	定量
	区域内技术引进合同金额（万美元）	U_{64}	定量
	区域内技术市场合同成交量（项）	U_{65}	定量
	区域专利申请受理总量（件）	U_{66}	定量
	区域专利授权总量（件）	U_{67}	定量
	区域内技术市场发育与服务状况	U_{68}	定性
	技术引进合同数量（件）	U_{69}	定量

（二）中小企业技术创新能力评价的方法

目前，国内外对企业技术创新能力的评价的方法尚不成熟，严格地讲，还没有一个评价区域企业技术创新能力的方法体系。已有的研究主要参照企业竞争力的评价方法对企业技术创新能力进行评价，如专家评分法、五角图法、数理统计法、层次分析法（AHP）、模糊数学综合评判法等。本研究中，首先对各指标权数采用德尔菲法① （Delphi Method） 进行评定。课题组在对山东省中小企业技术创新能力进行抽样问卷调查的基础上，将调查表的有关数据进行汇总整理，并分发给九位专家作为评判的参考，把专家评分的平均值作为二级指标的权数，并汇总确定一级指标的权数；其次，对定量指标采用指数分析法，把该指标全国最好省市达到的水平作为满分（100%），与山东省实际达到的水平比较，得出定量指标的发展水平；再次，对定性指标采用模糊数学综合评判法，进行两个层次的综合评判，得出定性指标的发展水平；最后，根据定性、定量指标得分之和和各自所占的权重，确定山东省区域内中小企业的技术创新能力状况。

1. 指标权重的确定

设一级指标 U_1，U_2，$\cdots$，U_6，对中小企业的技术创新能力影响的权重分别为 λ_1，λ_2，$\cdots$，λ_6，$\sum\limits_{i=1}^{6}\lambda_i=1$，权重集为 $\lambda=\{\lambda_1,\lambda_2,\cdots,\lambda_6\}$。

选取 9 位专家，采用德尔菲法对有关指标的权重进行反复的函询调查，根据专家们最后一次对每个项目的评分进行整理、计算、归纳，得出各项指标权重集分别为：

$\lambda_1=\{\lambda_{11},\lambda_{12},\cdots,\lambda_{19}\}=\{0.01,0.03,0.02,0.03,0.04,0.02,0.04,0.01,0.02\}=0.22$

$\lambda_2=\{\lambda_{21},\lambda_{22},\cdots,\lambda_{29}\}=\{0.02,0.02,0.03,0.03,0.03,0.04,0.03,0.02,0.04\}=0.26$

$\lambda_3=\{\lambda_{31},\lambda_{32},\cdots,\lambda_{34}\}=\{0.01,0.01,0.01,0.01\}=0.04$

---

① 亦称"专家调查法"。该方法 20 世纪 40 年代由美国兰德公司首创。德尔菲是古希腊名城，阿波罗神殿所在地，据说阿波罗神常遣使外出收集聪明人的意见，德尔菲因此被认为是看作尊重众人智慧的代名词。该方法先将评定的问题分发给事先选定的专家，向其函询调查，然后将他们的意见加以综合、整理，把归纳的结果在不公布姓名的情况下，再寄给每位专家征求意见。如此反复几次，使意见逐渐趋于集中，最后得出多数专家意见的评价结果。

$\lambda_4 = \{\lambda_{41}, \lambda_{42}, \cdots, \lambda_{49}\} = \{0.02, 0.01, 0.03, 0.02,$
$0.02, 0.02, 0.02, 0.03, 0.02, 0.01\} = 0.20$

$\lambda_5 = \{\lambda_{51}, \lambda_{52}, \cdots, \lambda_{57}\} = \{0.01, 0.02, 0.02, 0.02,$
$0.01, 0.01, 0.01\} = 0.11$

$\lambda_6 = \{\lambda_{61}, \lambda_{62}, \cdots, \lambda_{69}\} = \{0.01, 0.01, 0.02, 0.02,$
$0.02, 0.02, 0.02, 0.03, 0.02\} = 0.17$

2. 定量指标的计算

在对技术创新能力状况的评价分析中，定量指标是最能够直接有效地反映其发展水平的指标。但是，由于数据采集的困难，在对企业和区域技术创新能力的评价分析中，定量分析采用的较少。本研究中，努力寻求用定量分析的方法来评价中小企业的技术创新能力，所用的指标共计 21 个（见表 1—3），经专家评分，这些指标权重占总指标权重的 39%。评价的方法如下：

首先，根据有关文献、年鉴、研究和调查报告等资料确定领先技术经济指标。本研究中，将我国大陆发展最优的省区的发展水平确定为领先技术经济指标，指标值确定为 100%。

其次，根据被研究区域的有关指标的发展情况，确定该指标的区域发展指数。计算公式为

$$\text{指标发展指数}（\eta_{ij}）= \frac{\text{被研究区域的发展水平}}{\text{国内领先的发展水平}}$$

最后，根据指标发展指数确定该指标的综合得分。计算公式为

$$\text{指标综合得分} = \eta_{ij}\lambda_{ij}$$

η_{ij} 表示第 i 项一级指标第 j 项二级指标的发展指数；λ_{ij} 表示第 i 项一级指标第 j 项二级指标的权重值。

根据以上评价方法，利用《中国统计年鉴》、《中国科技统计年鉴》、《山东统计年鉴》、《山东年鉴》以及有关省市科学技术年度报告等资料中的原始数据，将各项数据进行处理后，得出对山东中小企业技术创新能力的量化指标评价，见表 1—3。

表 1—3 山东中小企业技术创新能力定量指标评价表

一级指标	二级指标	指标代码	权重(λ)	领先指标(L)	山东实际(S)	发展指数(S/L)	综合得分(λ×η)
人力资源状况（U₁）	区域研究开发人员全时当量	U_{11}	0.01	95255	46804	0.4914	0.0049
	区域内从事科技活动人员数量(人)	U_{14}	0.03	300439	227874	0.7585	0.0228
	区域内研究开发从业人员数量(人)	U_{18}	0.01	105887	23123	0.2184	0.0022
	区域内从事科技活动的科学家和工程师数量(人)	U_{19}	0.02	190354	144153	0.7573	0.0151
财力资源状况（U₂）	区域内研究开发劳务费支出额(万元)	U_{21}	0.02	769110	336312	0.4373	0.0087
	区域内技术引进合同金额(万美元)	U_{22}	0.02	142355	9577	0.0673	0.0013
	中小企业取得国家创新扶持基金的数量(万元)	U_{23}	0.03	19686	4171	0.2119	0.0064
	区域研究开发经费总支出(万元)	U_{24}	0.03	1711696	609310	0.3560	0.0107
	区域内科技经费投入总额(万元)	U_{25}	0.03	3991729	1790126	0.4485	0.0135
	政府对中小企业技术创新补贴(万元)	U_{27}	0.03	8000	1500	0.1875	0.0056
基础研究状况（U₃）	区域专利申请受理总量(件)	U_{31}	0.01	27596	11170	0.4048	0.0040
	区域专利授权总量(件)	U_{32}	0.01	18259	6725	0.3683	0.0037
	国内、国际科技论文总数(篇)	U_{33}	0.01	12529	1341	0.1070	0.0011

一级指标	二级指标	指标代码	权重（λ）	领先指标（L）	山东实际（S）	发展指数（S/L）	综合得分（λ×η）
基础研究状况（U₃）	区域内研究与开发机构承担自然科学课题数(个)	U_{34}	0.01	11249	2219	0.1973	0.0020
	公共图书馆与博物馆的数量(个)	U_{35}	0.01	269	202	0.7509	0.0075
基础设施与环境（U₄）	区域内城镇居民每百户拥有电脑数量(台)	U_{42}	0.01	45.30	13.41	0.2960	0.0030
	科学研究与综合技术服务业新增固定资产(亿元)	U_{43}	0.03	18.24	2.39	0.1310	0.0039
	区域内科技活动中新增固定资产购置费(万元)	U_{410}	0.01	37382	10465	0.2799	0.0028
技术产出与扩散（U₆）	区域内技术市场成交额(万元)	U_{63}	0.02	1910065	321938	0.1685	0.0034
	区域内技术市场合同成交量(项)	U_{64}	0.01	23921	17840	0.7458	0.0075
	技术引进合同数量(件)	U_{68}	0.03	1022	378	0.3699	0.0111
定量指标总计			0.39			0.1412	

表中"领先指标"和"山东实际"栏的数据主要来源：

（1）《中国科技统计年鉴（2002）》，中国统计出版社2002年12月版；

（2）《中国统计年鉴（2002）》，中国统计出版社2002年9月版；

（3）《山东省科学技术年度报告》，山东科学技术出版社2002年2月版。

3. 对定性指标的综合模糊评判①

在评价中小企业技术创新能力的指标中，除了可以进行定量分析

---

① 模糊综合评判法是美国控制论专家L. A. 艾登（Eden）于1965年创立的，是用隶属函数来描述元素属于某集合的程度。胡大立：《企业竞争力论》，经济管理出版社2001年版，第100页。

的硬指标外，还有一些具有不明确性、不清晰性和主观判断的不准确性的定性指标。因这些指标具有模糊性而不能简单地用一个分数来评价，我们采用目前对企业竞争力评价较普遍采用的模糊数学的综合评价方法来对区域中小企业技术创新能力的定性指标做一定量的评价。

（1）表1—4中的25个定性指标（权重占61%），确定用综合模糊评判法评价的指标集如下：

$A_1 = U_1 = \{ U_{12}, U_{13}, U_{15}, U_{16}, U_{17} \} = \{ A_{11}, A_{12}, A_{13}, A_{14}, A_{15} \}$

$A_2 = U_2 = \{ U_{26}, U_{28}, U_{29} \} = \{ A_{21}, A_{21}, A_{23} \}$

$A_3 = U_4 = \{ U_{41}, U_{44}, U_{45}, U_{46}, U_{47}, U_{48}, U_{49} \} = \{ A_{31}, A_{32}, A_{33}, A_{34}, A_{35}, A_{36}, A_{37} \}$

$A_4 = U_5 = \{ U_{51}, U_{53}, U_{54}, U_{55}, U_{56} \} = \{ A_{41}, A_{42}, A_{43}, A_{44}, A_{45} \}$

$A_5 = U_6 = \{ U_{61}, U_{62}, U_{65}, U_{66}, U_{67} \} = \{ A_{51}, A_{52}, A_{53}, A_{54}, A_{55} \}$

（2）为了建立模糊评价矩阵的需要，根据专家调查确定的权重，将以上定性指标权重集对应确定为定性权重指标集如下：

$\xi_1 = \lambda_1 = \{ \lambda_{12}, \lambda_{13}, \lambda_{15}, \lambda_{16}, \lambda_{17} \} = \{ \xi_{11}, \xi_{12}, \xi_{13}, \xi_{14}, \xi_{15} \} = \{ 0.03, 0.02, 0.04, 0.02, 0.04 \} = 0.15$

$\xi_2 = \lambda_2 = \{ \lambda_{26}, \lambda_{28}, \lambda_{29} \} = \{ \xi_{21}, \xi_{22}, \xi_{23} \} = \{ 0.04, 0.02, 0.04 \} = 0.1$

$\xi_3 = \lambda_4 = \{ \lambda_{41}, \lambda_{44}, \lambda_{45}, \lambda_{46}, \lambda_{47}, \lambda_{48}, \lambda_{49} \} = \{ \xi_{31}, \xi_{32}, \xi_{33}, \xi_{34}, \xi_{35}, \xi_{36}, \xi_{37} \} = \{ 0.02, 0.02, 0.02, 0.02, 0.02, 0.03, 0.02 \} = 0.15$

$\xi_4 = \lambda_5 = \{ \lambda_{51}, \lambda_{53}, \lambda_{54}, \lambda_{55}, \lambda_{56} \} = \{ \xi_{41}, \xi_{42}, \xi_{43}, \xi_{44}, \xi_{45} \} = \{ 0.01, 0.01, 0.03, 0.03, 0.02 \} = 0.10$

$\xi_5 = \lambda_6 = \{ \lambda_{61}, \lambda_{62}, \lambda_{65}, \lambda_{66}, \lambda_{67} \} = \{ \xi_{51}, \xi_{52}, \xi_{53}, \xi_{54}, \xi_{55} \} = \{ 0.02, 0.01, 0.03, 0.02, 0.03 \} = 0.11$

（3）确定对中小企业技术创新能力各层次指标保持一致性的

评语集 P

$P = \{P_1, P_2, P, \cdots, P_m\}$

在此，我们建立的评语集为 P = {很好，比较好，一般，差，很差}，并相应地确定分值为 P = {1，0.75，0.5，0.25，0}。

（4）向有关专家进行各定性指标所属等级问卷调查（见表1—4）。

表1—4　　　　　　定性指标专家调查问卷汇总表

指标代码	专家评估汇总									
	很好		比较好		一般		差		很差	
	个数	分值 (n/7)	个数	分值 (n/7 × 0.75)	个数	分值 (n/7 × 0.5)	个数	分值 (n/7 × 0.25)	个数	分值 (n/7 ×0)
A_{11}		0	4	0.4286	2	0.1429	1	0.0375		0
A_{12}		0	4	0.4286	2	0.1429	1	0.0375		0
A_{13}	1	0.1429	3	0.3214	2	0.1429	1	0.0375		0
A_{14}	1	0.1429	3	0.3214	3	0.2143		0		0
A_{15}	2	0.2857	3	0.3214	2	0.1429		0		0
A_{21}		0	1	0.1071	2	0.1429	3	0.1071	1	0
A_{22}		0	1	0.1071	4	0.2857	2	0.0714		0
A_{23}		0	2	0.2143	3	0.2143	2	0.0714		0
A_{31}	1	0.1429	2	0.2143	3	0.2143	1	0.0375		0
A_{32}		0	2	0.2143	3	0.2143	1	0.0375	1	0
A_{33}	2	0.2857	3	0.3214	2	0.1429		0		0
A_{34}		0	1	0.1071	4	0.2857	2	0.0714		0
A_{35}	1	0.1429	2	0.2143	3	0.2143	1	0.0375		0
A_{36}		0	1	0.1071	5	0.3571	1	0.0375		0
A_{37}		0	2	0.2143	4	0.2857	1	0.0375		0
A_{41}		0	2	0.2143		0.3571		0		0
A_{42}		0	3	0.3214	3	0.2143	1	0.0375		0

指标代码	专家评估汇总									
	很好		比较好		一般		差		很差	
	个数	分值 (n/7)	个数	分值 (n/7× 0.75)	个数	分值 (n/7× 0.5)	个数	分值 (n/7× 0.25)	个数	分值 (n/7 ×0)
A_{43}	1	0.1429	2	0.2143	3	0.2143	1	0.0375		0
A_{44}		0	1	0.1071	4	0.2857	2	0.0714		0
A_{45}	1	0.1429	2	0.2143	3	0.2143	1	0.0375		0
A_{51}		0	1	0.1071	5	0.3571	1	0.0375		0
A_{52}		0	2	0.2143	3	0.2143	2	0.0714		0
A_{53}	1	0.1429	1	0.1071	4	0.2857	1	0.0375		0
A_{54}	1	0.1429	3	0.3214	3	0.2143		0		0
A_{55}	1	0.1429	2	0.2143	3	0.2143	1	0.0375		0

注：设 k 为参加评估的专家总数，本调查中 k = 7；k_{fm} 表示第 f 位专家认为第 j 个底层 O 指标属于第 m 等级。

（5）建立模糊评价矩阵。评估矩阵 R 为 A→P 模糊映射所形成的模糊矩阵，它表示专家对各指标所属等级综合考察结果（主要是根据评估分值来估测的）。若有 g 个指标、m 个等级，则 R 即为 g 行、m 列的矩阵 R = $\{r_{gm}\}$。

$$R = \begin{bmatrix} R_1 \\ R_2 \\ \vdots \\ R_g \end{bmatrix} = \begin{bmatrix} R_{11} & R_{12} & \cdots & r_{1m} \\ R_{21} & R_{22} & \cdots & r_{2m} \\ \cdots & \cdots & \cdots & \cdots \\ R_{g1} & R_{g2} & \cdots & r_{gm} \end{bmatrix}$$

则， $$R_i = \begin{bmatrix} R_{i11} & R_{i12} & \cdots & r_{i1m} \\ R_{i21} & R_{i22} & \cdots & r_{i2m} \\ \cdots & \cdots & \cdots & \cdots \\ R_{ig1} & R_{ig2} & \cdots & r_{igm} \end{bmatrix}$$

该式中，g 表示底层指标；m 为评语集（P）中评语数目；$r_{jgm} = \sum k_{ij}/5 \times$ 分值，表示第 i 类第 j 个指标，专家认为其属于第 m 等级判断的可能性程度的综合得分。

该式中，i = 1，2，3，4，5。

（6）进行多级模糊综合评判。由于中小企业技术创新能力评估指标体系设置了两级指标，因此最终评估结果需由多级模糊综合评判。评判应从最低层次开始，底层指标可根据评估分值的计算结果对应于评语集 P 作出判断；得出最低层次评判结果后再采取加权平均法向上推移。具体可由以下两步完成：

首先求出第 i 层第 j 个指标的综合评判集 A_i

$$\hat{A}_i = P \times R_i = (\xi_{ij} \wedge r_{ijm})$$

该式中，i = （1，2，…，m）。

根据专家评估值和指标权重，经过综合计算得出 j 层的山东省中小企业技术创新能力定性指标评估指标值为：

$$\hat{A}_1 = (\xi_{ij} \wedge r_{ijm}) = (\xi_{11}, \xi_{12}, \xi_{13}, \xi_{14}, \xi_{15}) \begin{bmatrix} r_{11} & r_{12} & \cdots & r_{15} \\ r_{21} & r_{22} & \cdots & r_{25} \\ \cdots & \cdots & \cdots & \cdots \\ r_{51} & r_{52} & \cdots & r_{55} \end{bmatrix}$$

$$= (0.03 \quad 0.02 \quad 0.04 \quad 0.02 \quad 0.04) \begin{bmatrix} 0 & 0 & 0.1429 & 0.1429 & 0.2857 \\ 0.4286 & 0.4286 & 0.3214 & 0.3214 & 0.3214 \\ 0.1429 & 0.1429 & 0.1429 & 0.2143 & 0.1429 \\ 0.03075 & 0.0375 & 0.0375 & 0 & 0 \\ 0 & 0 & 0 & 0 & 0 \end{bmatrix}$$

$$= (0.0183 \quad 0.0122 \quad 0.0258 \quad 0.0136 \quad 0.0300)$$

即 $A_1 = 0.0998$。其中：$A_{11} = 0.0183$；$A_{12} = 0.0122$；$A_{13} = 0.0258$；$A_{14} = 0.0136$；$A_{15} = 0.0300$。

同理，经计算可得：

$A_{21} = 0.0143$；$A_{22} = 0.0093$；$A_{23} = 0.0200$；$A_{31} = 0.0122$；$A_{32} = 0.0093$；$A_{33} = 0.0150$；$A_{34} = 0.0093$；$A_{35} = 0.0122$；$A_{36} = 0.0151$；$A_{37} = 0.0108$；$A_{41} = 0.0057$；$A_{42} = 0.0057$；$A_{43} = 0.0183$；$A_{44} = 0.0139$；$A_{45} = 0.0122$；$A_{51} = 0.0100$；$A_{52} = 0.0050$；$A_{53} = 0.0172$；$A_{54} = 0.0136$；$A_{55} = 0.0183$。

4. 指标分析

经以上测算，山东省中小企业技术创新能力定量指标得分合计 0.1412，中小企业技术创新能力定性指标得分合计 0.3473，综合得分 0.4885。我们以同样的方法测算，全国中小企业技术创新能力最强的是北京市，综合得分为 0.7252，比山东高 23.67 个百分点，说明山东中小企业技术创新能力与全国较强的省市还有较大的差距。

从一级指标来看，人力资源状况指标（代码 U_1），总权重 0.22，得分 0.1449，如果用百分数表示人力资源状况为满分的 65.86%，说明山东省中小企业技术创新的人力资源状况相对于其他指标较好，高出指标平均值的 16.97%；财力资源状况指标（代码 U_2），总权重 0.26，得分 0.0898，如果用百分数表示人力资源状况为满分的 34.53%，说明山东省中小企业技术创新的财力资源状况相对较差，低于指标平均值的 14.31%；基础研究状况指标（代码 U_3），总权重 0.04，得分 0.0183，如果用百分数表示基础研究状况为满分的 36.6%，说明山东省中小企业技术创新的基础研究状况也相对较差，低于指标平均值的 12.25%；基础设施与环境指标（代码 U_4），总权重 0.20，得分 0.0936，如果用百分数表示基础设施与环境指标为满分的 46.8%，可以看出，山东省中小企业技术创新的基础设施与环境指标略低于指标平均值，比指标平均值低 2.05%；研究的组织与管理指标（代码 U_5），总权重 0.11，得分 0.0558，如果用百分数表示基础设施与环境指标为满分的 55.8%，略高于指标平均值，比指标平均值高 6.95%；技术产出与扩散指标（代码 U_6），总权重 0.17，得分 0.0861，说明技术产出与扩散指标略高于指标平均值，如果用百分数表示比指标平均值低 1.79%。对二级指标的分析见表1—5。

表1—5　山东省中小企业技术创新能力（二级）评价指标分析表

（二级）评价指标	指标代码	指标性质	指标权重	指标评价得分	指数（%）	与平均值对比
区域研究开发人员全时当量	U_{11}	定量	0.01	0.0049	49.00	0.0015
中小企业家对技术创新的重视程度	U_{12}	定性	0.03	0.0183	61.00	0.1215
中小企业员工主动进行技术创新的意识	U_{13}	定性	0.02	0.0122	61.00	0.1215
区域内研究与开发机构从业人员数量	U_{14}	定量	0.03	0.0228	76.00	0.2715
中小企业获得合格研究开发人员的难易程度	U_{15}	定性	0.04	0.0258	64.50	0.1565
中小企业获得技术熟练工人的难易程度	U_{16}	定性	0.02	0.0136	68.00	0.1915
中小企业技术创新人员待遇	U_{17}	定性	0.04	0.0300	75.00	0.2615
区域内高技术企业从业人员人数	U_{18}	定量	0.01	0.0022	22.00	− 0.2685
区域内从事科技活动的科学家和工程师数量	U_{19}	定量	0.02	0.0151	75.50	0.2665
区域内研究开发劳务费支出额	U_{21}	定量	0.02	0.0087	43.50	− 0.0535
区域内国外技术引进合同金额	U_{22}	定量	0.02	0.0013	6.50	− 0.4235
人均国内生产总值(元/人)	U_{23}	定量	0.03	0.0064	21.33	− 0.2752
区域研究开发经费总支出	U_{24}	定量	0.03	0.0107	35.67	− 0.1318
区域内科技经费投入总额	U_{25}	定量	0.03	0.0135	45.00	− 0.0385
中小企业研发贷款的获取的难易程度	U_{26}	定性	0.04	0.0143	35.75	− 0.1310
政府对中小企业技术创新的补贴	U_{27}	定量	0.03	0.0056	18.67	− 0.3018
风险投资的发展状况	U_{28}	定性	0.02	0.0093	46.50	− 0.0235
贷款担保与金融市场的服务情况	U_{29}	定性	0.04	0.0200	50.00	0.0115
区域专利申请受理总量(件)	U_{31}	定量	0.01	0.0040	40.00	− 0.0885
区域专利授权总量(件)	U_{32}	定量	0.01	0.0037	37.00	− 0.1185

（二级）评价指标	指标代码	指标性质	指标权重	指标评价得分	指数（%）	与平均值对比
国外主要检索工具收录的论文数（篇）	U_{33}	定量	0.01	0.0011	11.00	−0.3785
区域内地方属研究与开发机构科技活动课题数	U_{34}	定量	0.01	0.0020	20.00	−0.2885
公共图书馆与博物馆的数量	U_{35}	定量	0.01	0.0075	75.00	0.2615
生产工艺设备先进程度	U_{41}	定性	0.02	0.0122	61.00	0.1215
区域内城镇居民每百户拥有电脑数量	U_{42}	定量	0.01	0.0030	30.00	−0.1885
区域内高技术企业年末固定资产原价	U_{43}	定量	0.03	0.0039	13.00	−0.3585
法律保护（知识产权、专利权等）状况	U_{44}	定性	0.02	0.0093	46.50	−0.0235
交通、通信等设施状况	U_{45}	定性	0.02	0.0150	75.00	0.2615
自然资源和环境保护状况	U_{46}	定性	0.02	0.0093	46.50	−0.0235
区域内科技园区和孵化器的发展状况	U_{47}	定性	0.02	0.0122	61.00	0.1215
政策对中小企业技术创新的政策优惠	U_{48}	定性	0.03	0.0151	50.33	0.0148
区域创新文化氛围	U_{49}	定性	0.02	0.0108	54.00	0.0515
区域内科技活动中新增固定资产购置费（万元）	U_{410}	定量	0.01	0.0028	28.00	−0.2085
区域内 R&D 资源的配置状况	U_{51}	定性	0.01	0.0057	57.00	0.0815
区域内技术创新中介机构的服务状况	U_{52}	定性	0.01	0.0057	57.00	0.0815
中小企业新产品研制效率	U_{53}	定性	0.03	0.0183	61.00	0.1215
中小企业内部技术创新的管理状况	U_{54}	定性	0.03	0.0139	46.33	−0.0252
政府对中小企业技术创新的组织与协调	U_{55}	定性	0.02	0.0122	61.00	0.1215
中小企业产品的技术含量	U_{61}	定性	0.02	0.0100	50.00	0.0115
区域内中小企业对知识产权的保护意识	U_{62}	定性	0.01	0.0050	50.00	0.0115
区域内技术市场成交额（万元）	U_{63}	定量	0.02	0.0034	17.00	−0.3185
区域内技术市场合同成交量（项）	U_{64}	定量	0.01	0.0075	75.00	0.2615
大学、研究机构与中小企业的合作研究状况	U_{65}	定性	0.03	0.0172	57.33	0.0848

（二级）评价指标	指标代码	指标性质	指标权重	指标评价得分	指数（%）	与平均值对比
与大企业以及中小企业间的合作研究状况	U_{66}	定性	0.02	0.0136	68.00	0.1915
区域内技术市场发育与服务状况	U_{67}	定性	0.03	0.0183	61.00	0.1215
技术市场技术流向地域合同金额（万元）	U_{68}	定量	0.03	0.0111	37.00	− 0.1185
合　　计	U		1	0.4885		

表1—5对山东省中小企业技术创新能力二级评价指标分析中，指数是指该项二级指标评价中实际得分与该项指标权重之比，比值越大说明该项指标对山东省中小企业技术创新能力的贡献越大；与平均值对比，是指该项二级指标与山东省中小企业技术创新能力评价指标综合得分（0.4885）情况的对比，数值越大说明该项指标对山东省中小企业技术创新能力的贡献越大。

四　影响山东省中小企业技术创新能力的主要问题分析

如上所述，为了使区域中小企业技术创新能力的评价分析不流于空泛，必须建立起客观的评价指标和评价方法。但是，用事先确定的评价标准、评价方法对中小企业技术创新能力进行分析评价至少存在以下两个缺点：一是在评价过程中，指标体系完全替代了评估客体，而指标又不可能完全涵盖区域中小企业技术创新能力的各个方面，同时上述指标设置和评估方法，是我们的一种探索，因此，评估中的误差在所难免；二是专家对各项评估指标权重的确定，主要依赖专家自身的知识，具有一定的主观性和随机性。因此，要全面准确地评价和把握中小企业技术创新能力，还应该对区域内的中小企业进行抽样调查，进行实证分析。本研究中，为了全面准确地评价中小企业技术创新能力，我们面向全省发放了 2500 份调查问卷①，并从收回的调查问卷中筛选了 200 个有代表性的企业进行典型分析。同时，为了从宏观上把握山东省中小企业技术创新状况，我们向省中小企业办公室、省科技厅等部门进行了调查咨询。在综合调查的基础上，结合以上确定的有关定性与定量指标的评价，我们对山东省中小企业技术创新能力做了进一步的实证分析，使我们能够对中小企业技术创新能力有一个更加全面、准确的认识。

（一）人力资源状况中存在的主要问题分析

人力资源状况对中小企业技术创新能力的提升有着至关重要的作用。"九五"计划以来，山东省科技队伍得到了加强，科研水平、新产品开发能力有了一定的提高。同时，近年来山东也比较注重高层次人才的引进与培养，到 2001 年全省共有两院院士 29 人。从上述对人力资源状况指标的分析也可以看出，山东中小企业技术创新的人力资源状况相对于其他指标要好，高出指标平均值的 16.97%。但是山东中小企业技术创新人力资源的紧张状况仍不容忽视，在我们这次调查选取的 200 家样本企业中，有 156 家（占样本总数的 78%）反映当前制约企业技术创新的一个重要问题是人才缺乏，难以吸引人才和留住人才。下面根据《2002 中国科技统计年鉴》②、《2002 中国统计年鉴》③、《2002 山东统计年鉴》④、《山东省科学技术年度报告》等有关资料，结合我们的调查了解，并与北京、上海、广东、江苏、浙江比较，对山东中小企业技术创新人力资源状况进行进一步分析。

---

① "山东省中小企业技术创新能力调查表"见附件二。
② 国家统计局、国家科学技术部编，中国统计出版社 2002 年版。
③ 国家统计局编，中国统计出版社 2002 年版。
④ 山东统计局编，中国统计出版社 2002 年版。

1. 技术创新人才总量较大，但高层次人才相对较少

2001 年，山东从事科技活动的人员总数（227874 人）和从事科技活动的科学家和工程师总数（144153 人）均位居全国第四；研究与试验发展人员全时当量总计 46804 人年，在全国的位次为第八，其中科学家和工程师研究试验与发展全时当量位次为第七。但就相对数而言，每万人中从事科技活动的科学家和工程师数仅为 15.94 人，比全国的平均数少 0.99 人；每万人中科学家和工程师研究试验与发展全时当量 4.07 人年，比全国的平均数少 1.75 年人。在中小企业中从事科技活动的科学家和工程师就更少，尤其是小型企业研究与试验发展人员全时当量总计总数占地区总数的比例 4.52%，比全国的平均数低 26.61%，其状况令人堪忧。具体见表 1—6、表 1—7。

表 1—6　　　2001 年山东与北京、上海、广东、江苏、浙江

从事科技活动的科学家和工程师状况比较

地区	从事科技活动的科学家和工程师总数(人)	在全国的位次	每万人中从事科技活动的科学家和工程师数(人)	小型企业从事科技活动的科学家和工程师总数(人)	小型企业从事科技活动的科学家和工程师总数占地区总数的比例
全国	2071530		16.23	644867	31.13%
北京	190354	1	137.64	71883	37.76%
上海	122536	5	75.92	43012	35.10%
广东	162285	3	24.6	66487	40.97%
江苏	174873	2	23.78	55610	31.80%
浙江	87706	9	19.01	41728	47.58%
山东	144153	4	15.94	29891	20.74%

表中数据来源：《2002 中国科技统计年鉴》 中表 1—18，《2002 中国统计年鉴》 中表 4—3；部分数据根据计算整理取得。

表1—7　　　　2001年山东与北京、上海、广东、江苏、浙江
研究与试验发展人员全时当量比较　　　单位：人年

地区	研究与试验发展人员全时当量总计	在全国的位次	科学家和工程师研究试验与发展全时当量	在全国的位次	每万人中科学家和工程师研究试验与发展全时当量	小型企业研究与试验发展人员全时当量总计	小型企业研究与试验发展人员全时当量总计总数占地区总数的比例
全国	956482		742726		5.82	155943	21.00%
北京	95255	1	82207	1	59.44	18414	22.40%
上海	51965	6	42450	5	26.30	10488	24.71%
广东	79052	2	65159	2	8.37	17816	27.34%
江苏	78839	3	58689	3	7.98	11793	20.09%
浙江	35919	10	26171	12	5.67	10244	39.14%
山东	46804	8	36830	7	4.07	1663	4.52%

表中数据来源：《2002中国科技统计年鉴》中表1—21，《2002中国统计年鉴》中表4—3；部分数据根据计算整理取的。

从专业技术人员的总量来看，我省在全国为第一（见表1—8），但从受教育的程度看，受过研究生教育的高层次研究人员所占比例却较低（见表1—9），每万人中受大学本科、研究生教育人口占总人口的比例仅为101.88人和4.33人，低于全国平均数。这表明我省技术创新的人力资源中一般技术人员、熟练工人人才储备相对较好，但高层次研究开发人员相对短缺，这在一定程度上制约着我省中小企业研究开发独立知识产权的高技术产品的能力。

表1—8　　　　　　山东与北京、上海、广东、江苏、
浙江专业技术人员2001年末数据比较　　　单位：万人

地区	专业技术人员总数	在全国的位次	制造业中专业技术人员数	在全国的位次	科学研究和综合技术服务业专业技术人员数	在全国的位次	社会服务业专业技术人员数	在全国的位次
全国	3053.3		438.95		86.7		65.7	

地区	专业技术人员总数	在全国的位次	制造业中专业技术人员数	在全国的位次	科学研究和综合技术服务业专业技术人员数	在全国的位次	社会服务业专业技术人员数	在全国的位次
北京	129.7	8	18.6	8	14.1	1	11.6	1
上海	78.6	21	18.4	10	3.9	6	3.0	7
广东	188.7	3	27.8	3	3.8	7	5.2	2
江苏	167.2	4	33.1	2	4.6	3	3.1	6
浙江	109.6	12	13.4	14	2.8	11	3.6	5
山东	229.45	1	38.3	1	3.7	8	4.1	3

表中数据来源:《2002 中国统计年鉴》中表 5—14。

表 1—9　　　　　　2001 年山东与北京、上海、广东、江苏、

浙江大专以上学历人员比较

地区	人口总数(万人)	大学专科(人)	受大专教育人口占总人口的比例(人/万人)	大学本科(人)	受大学本科教育人口占总人口的比例(人/万人)	研 究 生(人)	受研究生教育人口占总人口的比例(人/万人)
全国	127627	28985486	227.11	14150726	110.88	883933	6.93
北京	1383	1029929	744.71	1082268	782.55	172653	124.84
上海	1614	934083	578.74	784698	486.18	76188	47.20
广东	7783	2046311	262.92	907391	116.59	77621	9.97
江苏	7355	1857521	252.55	946584	128.70	58165	7.91
浙江	4613	955955	207.23	481679	104.42	30227	6.55
山东	9041	2040572	225.70	921054	101.88	39126	4.33

表中数据来源:《2002 中国统计年鉴》中表 4—3、表 4—12;部分数据根据计算整理取得。

2. 研究与开发人员待遇相对偏低,人才流失严重

相对于北京、上海以及南方各省,我省技术创新人员生活待遇较差,职工平均工资低于全国的平均水平(见表 1—10),其中科

学研究和综合技术服务业职工平均工资比全国平均水平低 2889 元，与广东省相差 1 万多元。由于收入相对于经济较发达的省市较低，出于对生活质量、职业感觉和发展前景的追求，我省技术创新人员向省外流动，造成我省技术创新人才向省外流出严重。有关研究显示，我省"九五"计划期间流向国外、北京、上海、广东等地的各类专业技术人才 6949 人，从流失人才专业结构看，信息技术、生物工程、新材料、光机电一体化等高新技术领域的中小企业急需人才约占 80%①。人才的短缺与流失，增加了人才引进的成本。技术创新人才缺乏，难以吸引、留住人才，成为目前我省中小企业的普遍现象，制约了中小企业的技术创新能力的提升。

可以预见，随着国外资本的不断进入和我国经济体制向市场化转化进程的加快，人才的竞争将达到"白热化"的程度。外国资本家和大公司将以高薪聘用、委以重任、出国培训等种种优厚条件以及科学高效的人才管理方式与我省的中小企业争夺人才，这将会成为我省中小企业技术创新能力提升所面临的一个重大问题。如何制定相应的政策，通过改善中小企业技术创新人才的工作、生活环境，帮助中小企业吸引人才、留住人才，是有关部门在今后制定政策中应当重点考虑的问题。

表 1—10　　　　　2001 年山东与北京、上海、广东、
江苏、浙江职工平均工资比较

地区	职工平均工资(元)	在全国的位次	制造业中职工平均工资(元)	科学研究和综合技术服务业职工平均工资(元)	社会服务业职工平均工资(元)
全国	10870		9774	16437	11869
北京	19155	2	16571	24551	19557
上海	21781	1	20406	23959	16778
广东	15682	3	13512	24997	17769

① 王晓明：《山东省专业技术人才流失的情况、趋势、原因与对策建议》，载彭立荣主编《2001 年山东省社会蓝皮书》，山东人民出版社 2001 年版，第 197 页。

地 区	职工平均 工资(元)	在全国 的位次	制造业中职工 平均工资(元)	科学研究和综合技术服 务业职工平均工资(元)	社会服务业职 工平均工资(元)
江苏	11842	9	10125	19326	12670
浙江	16385	5	12060	21914	14566
山东	10008	14	7881	14626	9865

表中数据来源：《2002 中国统计年鉴》中表 5—22。

（二）财力资源中存在的主要问题分析

在中小企业技术创新的每一个阶段，都离不开资金的支持。以上分析中可以看出，山东省财力资源状况指标（代码 U_2），总权重 0.26，得分 0.0898，如果用百分数表示人力资源状况为满分的 34.53%，说明山东省中小企业技术创新的财力资源状况相对较差，低于指标平均值的 14.31%。在这次选定的 200 家样本中小企业的调查中，有 139 家认为目前技术创新的主要障碍是缺乏资金。资金问题已成为目前山东中小企业技术创新的瓶颈。造成这种状况的原因有以下几点。

1. 政府对中小企业技术创新资金投入不足

从 2001 年全省技术创新资金的投入总量来看，山东省位居全国第九，列北京、四川、上海、陕西、江苏、广东、湖北、辽宁之后。但是，进一步分析我们发现，政府资金的投向主要是独立研究机构和大型企业，投入小型企业和其他组织的资金合计只有 19105 万元，不仅与发达省份对中小企业技术创新的投入存在一定的差距（见表 1—11），而且还低于全国平均数的 16%。这一问题近年来引起了山东省政府有关部门的重视，2000 年 7 月，山东省政府决定设立科技型中小企业技术创新专项扶持资金，2001 年财政预算安排扶持资金 1500 万元，支持了 70 个中小型科技企业科技创新项目。这些项目的实施，对山东省中小企业技术创新产生了一定的带动效应。但是，由于中小企业面广量大，面对十几万中小企业

（2001 年底规模以上中小型工业企业 11210 户），政府仅对其中少量的中小企业技术创新进行资金扶持，就显得"僧多粥少"，因此在争取技术创新立项、资金、优惠政策等问题上，一些中小企业常常"知难而退"。

此外，在争取国家专门对中小企业技术创新设立国家创新基金项目的资金的支持上，山东也相对较差。截至 2001 年底，山东共获得国家创新基金支持项目 251 项（其中 2001 年 56 项），获得资助资金 18592 万元（国家创新基金共计支出 13 亿多元），没有达到全国的平均水平。调查发现，许多中小企业也由于受规模小、实力差、视野狭窄等问题的制约，在技术创新中争取政府的资金支持方面常常信息不灵，造成好项目得不到政府资金支持，多数中小企业都表示希望政府能在技术创新活动中给予一定的资金支持。

表 1—11　　　　2001 年山东与北京、上海、广东、江苏、
浙江政府投入科技活动经费比较　　　单位：万元

地　区	政府投入资金总额	在全国的位次	投入独立研究机构资金	投入大中型企业资金	投入高等学校	投入小型企业和其他组织的资金合计
全国	6563595		4349087	410555	1098293	705660
北京	1748973	1	1369292	14336	205146	160199
上海	513177	3	327218	13943	111206	60810
广东	290623	6	109991	36657	68536	75439
江苏	437920	5	272519	41484	92385	31532
浙江	166371	10	81834	10013	39587	34937
山东	173013	9	89121	26352	38435	19105

表中数据来源：《2002 中国科技统计年鉴》中表 1—19；部分数据根据计算整理取得。

2. 研究开发（R&D）经费支出偏低

尽管山东近年来实施了"科教兴鲁"战略，研究开发活动日趋活跃，但从总量上来看，R&D 经费支出偏低。2001 年，山东的

R&D 经费支出占 GDP 的比重为 0.69%，低于全国平均水平
(1%)①，与发达省市有一定的差距（见表1—12）。从 R&D 经费
支出的构成来看，基础研究经费偏低，在全国排第十三位。就中
小企业而言，R&D 经费支出的比例就更小，2000 年，全省近
9000 家小型工业企业中，仅有 820 家有 R&D 经费支出，还不到
总数的 10%，这与我们这次对样本企业的调查基本吻合。这在一
定程度上反映出山东的一些中小企业在技术创新上存在着急功近
利、无长远规划的状况。中小企业技术创新的 R&D 投入不足的
状况如果不采取措施，加以有效的引导、改进，必然会引起今后
山东中小企业技术创新能力的衰退，各级对此都应高度重视。

表 1—12　　　　2000 年山东与北京、上海、广东、江苏、

浙江研究开发经费支出比较　　　　单位：万元

地区	区域研究开发经费总支出	在全国的位次	研究开发经费按活动类型分			研究开发经费按支出用途分	
			基础研究	应用研究	试验发展	人员劳务费	设备购置费
全国	8556645		467321	1519056	6970268	2076960	1933524
北京	1556645	1	174039	428852	953743	281604	222250
上海	736146	3	47617	169850	518679	183515	133964
广东	1071166	2	19344	65911	985911	316662	282742
江苏	729995	4	18349	75957	635690	166749	185998
浙江	335171	10	8632	30561	295979	62398	107374
山东	519501	5	9841	47496	462164	110067	143154

表中数据来源：《2002 中国统计年鉴》中表 20—59。

3. 研究开发贷款比较困难

据调查，目前山东 40% 以上的中小企业技术创新的融资还是
靠银行贷款。但是，由于中小企业自身的原因和融资体系还不完

---

① 世界上发达国家这一比重一般在 2%—3%，中等发达国家一般在 1.5% 左右，
发展中国家一般在 0.5% 左右。

善，中小企业技术创新贷款普遍比较困难。在这次选定的 200 家中小企业的调查中，只有 42 家在技术创新中"较容易得到"银行贷款，有 77 家在技术创新中"有过，但很难得到"银行贷款，有 81 家在技术创新中"没有"得到过银行贷款。这个问题存在着银行和中小企业两方面的原因。

从银行方面来看，"惜贷"主要原因是：（1）为中小企业服务的主导银行实力弱。目前山东省支持中小企业发展的主导银行（如城市商业银行、城市信用社等）的资产占全部金融机构的比重约为 15%，贷款占全部金融机构贷款的比重为 16% 左右。（2）银行强化对信贷资金的责任制管理，对贷款更加慎重。据调查测算，银行对中小企业贷款的管理成本平均为大型企业贷款的 5 倍左右。近年来，商业银行为了提高经济效益和信贷资产质量，普遍实行了授权授信制度，强化了各单位一级法人的地位，上收或部分上收了各基层银行的信贷权，使得部分县市行的贷款权力缩小，在客观上增加了中小企业依靠商业银行解决技术创新资金问题的难度。（3）贷款抵押、担保要求高，也增加了中小企业取得贷款的难度。根据对中小企业贷款的抵押、担保要求，企业必须有相应的抵押和担保，但是中小企业普遍难以找到贷款担保人从而无法获得贷款。几年来，为了对中小企业融资提供担保，山东也逐步建立了担保机构。据人民银行统计，全省现有担保公司 30 余家，其中国家担保公司 12 家，省级担保公司 2 家（山东省企业信用担保公司和山东东西结合担保公司）。这些担保公司的建立，虽然为中小企业的银行贷款担保做出了积极贡献，但从目前运作情况来看还不甚理想。由于中小企业风险较高，很多担保公司不愿意为其提供担保，即使这方面做得最好的山东省企业信用担保公司，从成立到 2001 年 11 月，也仅为 45 户中小企业提供过贷款担保服务。山东东西结合担保公司成立后，仅为菏泽市的 3 户中小企业提供了贷款担保服务。

从中小企业自身看，当前山东不少中小企业内部明显存在一些不利于获取技术创新贷款的因素。这些因素具体包括：（1）不少中小企业生产经营时间短，自有资金偏少，管理经验明显不足，再加上银行与中小企业信息的不对称，银行方面很难足够的掌握企业的经营状况信息，为了尽量避险，银行不得不采取较为谨慎的态度。（2）信用不足。与大企业相比，全省的中小企业明显存在财务管理水平低、资信程度低的问题。在调查的样本企业中，40%以上的企业财务管理制度不健全，信用等级在3B或3B以下的占60%以上，与《贷款通则》有关条款所要求的贷款条件差距较大。再加上有些中小企业缺乏经过财务审计部门承认的财务报表和经营业绩，银行较难准确地把握这些企业的组织结构、人员素质、经营业绩等背景资料，无疑会增加银行的审查、监管难度，使得银行不得不采取提高信用风险控制系数的办法以规避风险。

（三）基础研究中存在的主要问题分析

基础研究是新知识、新技术和新发明的先导和本源。据统计，现代技术革命的成果有90%来自基础研究[①]。它不仅对一定区域经济的发展具有重要的推动作用，而且对区域创新文化和科技人才的培育都有着至关重要的影响。近年来，尽管山东省的基础研究得到一定的重视，但总体来讲山东的基础研究机构知识生产效率还较低。从对山东基础研究的指标分析中可以看出，山东基础研究状况指标与其他指标相比明显偏低，比指标平均值低22.87%。进一步分析可以看出，无论是国外检索工具收录科技论文数量，还是高等学校科技服务课题数量，发展水平都不如其他指标（见表1—13）。

---

① 胡显章等：《国家创新系统与学术评价》，山东教育出版社2000年版，第67页。

表 1—13　　　　　　**山东与北京、上海、广东、江苏、**

浙江基础研究状况比较

地区	2000 年国外检索工具收录科技论文数量（篇）					高等学校科技服务课题数（个）		研究与开发机构科技活动课题数(个)	
	位次	合计	SCI	EI	ISTP	位次	数量	位次	数量
全国		41895	22608	5296	13991		20118		53651
北京	1	12536	6521	1558	4457	4	1611	1	12730
上海	2	5226	2935	548	1743	2	2760	3	3491
广东	8	1472	901	162	409	6	1426	4	2743
江苏	3	2862	1674	330	858	3	2472	2	3885
浙江	7	1596	867	220	509	1	2760	9	1829
山东	9	1341	834	140	367	11	538	5	2294

表中数据来源：《2002 中国科技统计年鉴》中表 5—12、表 4—9、表 2—12；部分数据根据计算整理取得。

从总体来看，山东的基础研究存在着如下问题：

第一，基础研究机构改革滞后，竞争乏力，机构臃肿，人才流失严重，导致科学知识生产效率低下，特别是原创性的知识创造缺乏。

第二，基础研究体系相对封闭。由于缺乏相应的制度和机制，基础研究机构之间、基础研究机构与企业之间在合作研究、人员流动等方面的联系不够，致使科学知识仅在小范围内慢速流动，难以发挥应有的经济和社会效用。

第三，基础研究机构的设置过于强调学科体系的完备，导致有限的资源分散，力量难以集中；对潜在的、长期的、战略性的技术创新进行支持的基础性研究较为薄弱，知识储备不足。

第四，缺乏对研究者和研究机构的评价机制。表现为：(1)外行评内行现象时有出现，小圈子联合炒作项目以骗取大额资助现象也时有发生。(2)成果评价风气不好，不实事求是，成果鉴定为失败的几乎没有，而国际先进、国内领先或填补空白的成果

"比比皆是"，违背了科技发展和创新规律。

（四）基础设施与环境状况分析

基础设施的物质支持和良好的技术创新环境是培育技术创新优势的沃土，它们为提升中小企业的技术创新能力创造了一个大的背景。根据以上对有关指标的评价分析可见，山东省中小企业技术创新的基础设施与环境状况在全国处于中上水平，高出全国平均值的 33%。

第一，山东的交通基础设施较好，2001 年底，山东全省铁路通车里程达 2709 公里，公路通车里程达 71127.7 公里，内河通航里程 1476 公里；沿海港口 26 处，共有生产新泊位 257 个，年吞吐能力达 1.7 亿吨；机场 7 处；长途自动交换机容量 432287 路端，在全国位居第二；本地电话局用交换机容量 1498.4 万门，在全国位居第三；移动电话交换机容量 1295.4 万户，在全国位居第四；市内电话 661 万户，农村电话 827 万户，互联网用户 259.5 万户。2002 年 9 月，在全国率先实现省会与 16 地市高速公路直接贯通，高速公路通车里程达 2411 公里。此外，山东的电力、煤炭等能源的生产也能满足目前我省中小企业技术创新的需要。

第二，山东省经济与高新技术开发区得到了快速发展，2001 年，全省各类开发区实现工业增加值 474.3 亿元，比上年增长 41.8%，实现财政收入 62.7 亿元，增长 54.5%，出口 46.7 亿美元，增长 33.3%。在全省高新技术开发区中，批准进区的高新技术项目 408 个，增长 40.7%；高新技术企业实现增加值 144 亿元，增长 37.7%；实现技工贸总收入 912.3 亿元，增长 38.5%。高新区加强了"一区多园"的建设，全省 11 家高新技术产业开发区建成了山大科技园、齐鲁软件园、济南留学生创业园、烟台留学生创业园、青岛生物谷、威海拓普软件园等科技园区多处，创建各类孵化器 32 家，现有孵化场地 35.7 万平方米，在孵企业 650 余家，毕业企业 130 余家，在孵企业和毕业企业年技工贸总收入达 16.5 亿元，从业人员达 1.6 万人。通过孵化器提供研发、生产、经营场地、通信、网络与办公等方面的共享设施，进行系统的培训和咨询，并在政策、融资、法律和市场推广等方面的支持，将技术、诀窍、企业家才能与资本联结在一起，为中小企业技术创新能力的提升发挥了重要的作用。

第三，具有一定的区位优势。山东与朝鲜半岛、日本列岛相望，山东半岛是国务院批准的五大开放地区之一，拥有青岛、烟台两个经济技术开发区和威海高新技术开发区，是沿黄经济协作带的主要对外窗口，环渤海经济圈的重要组成部分，也是欧亚大陆桥东部桥头堡群的重要组成部分。山东属暖温带季风型气候，四季分明，气候宜人，全年平均气温在 11℃—14℃，海岸线长 3024 公里，农产品与海洋资源、矿产资源丰富。有丰富的人文景观和秀丽的自然风光，"山水圣人""海滨风光"和"千里民俗"使自然与人文景竞相生辉。这些对山东中小企业技术创新信息的沟通、引进关键技术和人才都提供了便利的条件和得天独厚的区位优势。

第四，技术创新政策环境逐步宽松。近年来，为了促进和鼓励技术创新活动，山东省出台了《山东省高新技术及产业发展计划》（鲁政发〔1997〕119 号）、《关于加速高新技术产业化的若干意见》（鲁发〔1999〕26 号）、《山东省高新技术及产业发展纲要（2000—2005 年）》（鲁发〔2000〕19 号）、《山东省关于鼓励科技型中小企业创新发展的若干规定》（鲁政发〔2000〕61 号）等一系列技术创新的优惠政策，对中小企业技术创新的认定管理、政策措施、资金扶持、监督管理等都有着明确的规定，使中小企业技术创新的政策环境得到了制度保障。

我们在看到有利条件的同时，也需清醒地看到山东中小企业的技术创新的基础设施与环境、资源存在的问题仍不容忽视。例如，淡水资源短缺严重，土地资源供给不足、浪费严重，矿产资源利用效率不高、精深加工度低等问题。特别是山东中小企业的设备技术水平普遍较落后，应引起有关部门的重视。据我们的此次抽样调查显示，在全省中小企业中，仅有将近24.6%的企业使用20世纪90年代以后的技术设备，而41.6%的企业以20世纪80年代的设备为主。中小企业中不同所有制形式的企业设备水平也有差距，其中中外合资企业的设备技术水平最高，个体私营企业设备技术水平最低。从研究开发机构固定资产状况看，山东研究开发机构固定资产总量较大，仅省属科研机构固定资产原值总额就达12.1亿元（其中科研仪器设备占4.38亿元）。但从新增固定资产来看，山东2001年在全国各省市中排名为第十二位，其中购置仪器共计支出10066万元，在全国各省市中排名为第十四位，这与山东的经济总量和在全国所处的科技水平不相称。

此外，传统文化对山东中小企业技术创新的负面影响不可忽视。山东是一个传统文化底蕴比较深厚的省份。天下学子曾云集稷下求师问学，展开争鸣；六艺从鲁中传出，流芳百世。齐鲁文化中"自我完善、学而不厌、忠厚质朴、宽宏大度、诚实守信、吃苦耐劳、自强不息"的思想和精神，深深地扎根在山东人的品质中，也创造出齐鲁大地"生机勃勃、百家争鸣"的辉煌，推动了历史的前进。但是，在农耕基础上发展起来的齐鲁文化有着一定的局限性，对技术创新的影响主要有以下几个方面：（1）重经验总结，轻理论创新。由于传统文化的影响，山东人的思维方式往往是从直接体验开始，跃过以概念元素的分析与结合为特征的抽象思维阶段，而直接升华为直觉和"意会"；缺乏冒险精神，导致单纯跟风发展的倾向，缺乏开创性研究。创新失败也往往得不到宽容。（2）过分强调纲常秩序和宗族观念，进取、自立和冒险的创新行为往往被认为是大逆不道，技术创新民主风气常常被以等级和血缘为特征的社会关系网限制。时至今日，一些大的科研项目还习惯于名人和大人物"挂帅"。重大学术讨论中青年科技人员的意见难以受到应有的重视，压制不同学术观点等现象时有发生。科学界存在门户主义、小团体主义和行会习气。小生产观念根深蒂固。许多研究所、研究室处于一个相对封闭的体系，机构与机构之间、学科与学

科之间缺乏大跨度、多层次的交流与合作。（3）保守的中庸价值观
常常成为技术创新的障碍，一些人信奉"人怕出名猪怕壮"的保
守观念，满足于陈规典籍，不敢越雷池，缺乏"刨根问底"式的
执着，不敢为人先、为天下先，传统文化中的心理倾向与创新文化
的心理倾向相距甚远（见表1—14），对中小企业技术创新活动的
负面影响不可忽视，对人才特别是尖子人才作用的认识还有待深
化，目前尚未树立起以人为本的观念。

表1—14　　山东传统文化的心理倾向与创新文化的心理倾向比较

山东传统文化的心理倾向	创新文化的心理倾向
道德观：质朴、重气节、尚廉耻等	道德观：崇尚科学、重技艺、重能力等
创业观：安分守己、喜欢守成	创业观：崇尚英雄、喜欢创业
消费观：喜欢储蓄、先有钱后消费	消费观：超前消费、喜欢先消费后还款
政治观：对政治冷漠、不闻政事	政治观：关心政治、经常批评时政
分配观：希望财富世袭、赞成坐享其成	分配观：赞成以贡献定报酬、公平分配
对改革的态度：安分、不轻易变革	对改革的态度：参入竞争、倾向改革
对人的态度：家族观念强、重男轻女、重官轻商、重义轻利	对人的态度：自信、人人平等、崇尚成功者、容忍失败者
对组织的态度：办事计划性差、组织观念薄弱、情大于法	对组织的态度：重视组织的作用、计划周密、重制度但不墨守成规
对命运的态度：迷信、相信神灵等	对命运的态度：相信能力、不信邪
对不同意见的态度：思想统一、不容忍歧见	对不同意见的态度：容忍歧见、接受批评

（五）组织与管理中存在的主要问题分析

区域内中小企业技术创新的组织与管理，就是将区域内的中小
企业、大学、科研单位、中介组织和政府等各种与中小企业技术创
新有关的机构的技术创新活动进行整合和联动。区域技术创新的组
织与管理的能力和效率，对区域技术流动的方式、渠道和内容起着

决定的作用，对区域内中小企业技术创新能力的提升有着重要的作用。就山东中小企业技术创新的组织与管理状况来说，目前仍存在着一定的问题。

1. 中介组织的状况分析

中介机构在技术创新活动中，扮演着促进知识从研究机构、大学以及技术拥有者向中小企业扩散和流动，为中小企业技术创新和创业服务的角色，是知识流动的桥梁。它主要包括从事技术支持、技术转移、技术咨询、技术中介、技术服务以及技术创新融资、创业机构的管理或组织等项工作。截至2001年底，山东全省建有各级各类技术创新中介机构600多处，其中国家级工程技术研究中心2个，省级工程技术研究中心42个；国家级科技成果推广中心6个，省级以上科技成果推广中心29个；生产力促进中心发展到34家，加上分中心和工作站，生产力促进组织已有50余家，拥有固定资产2.9亿元，从业人员发展到881人；省科技咨询业协会有单位会员60家，有专职、兼职咨询人员达6500多人，各类中介机构对中小企业的技术创新能力的提升发挥的作用越来越大。但是就目前来看，山东技术创新中介机构仍然是中小企业技术创新的薄弱环节，主要表现为：第一，中小企业技术创新中介机构的寻觅成本较高。很多社会中介机构往往设在政府部门，向企业的开放度不够；新成立的一些商业性较强的中介公司，则由于服务收费高昂，使得很多中小企业难以承受此类机构技术创新服务的开支。第二，现有法规对中介机构的法人认定、职责确认不明确，鼓励这类机构发展的法规和政策不力。第三，中介机构总的来讲规模小、布局散，网络化建设和国际化开拓功能弱，特别是科技经纪人和中介机构经营管理者等人才缺乏。

2. 政府对中小企业技术创新的组织与协调中存在的问题

与大企业相比，中小企业属于弱势团体，更需要得到政府帮助，许多实际困难需要政府从较高的层次上去解决。为加快中小企业的发展，几年来省委、省政府采取了一些措施，从企业创办、起步、发展三个层面全面支持中小企业创新发展。2001 年 4 月，山东省还成立了由省政府 10 个部门和中国证监会济南证管办、人民银行济南分行及 4 家国有商业银行组成的"山东省发展中小企业工作领导小组"，对全省中小企业不分所有制、不分隶属关系地进行统一组织指导，为山东省的中小企业解决技术创新担保、融资、立项等问题，对全省中小企业的技术创新起到十分积极的作用。但是，目前政府职能与中小企业技术创新的要求相比，还存在以下四个方面的问题：一是政企关系没理顺，多头管理的现象普遍存在。目前政府对中小企业的管理，在很多地区仍延续计划管理体制下的管理方法，实施管理的主管部门有乡镇企业局、工商局、工商联、经贸委等部门。这种宏观交叉管理体制，必然导致政出多门，互相"扯皮"，无法形成集中统一和系统有效的管理。同时，很多部门仍习惯于自下而上实行层层行政审批制度，政府难以从管理企业生产经营中超脱出来。有的仍沿用直接办市场、干企业的老办法，对企业要么干预太多，要么撒手不管。二是对经济运行环境和市场秩序的依法监管不到位。在实际工作中，由于地区分割、行业封锁、信息不畅，使得中小企业的知识产权常常得不到保护，企业自发地打假，劳民伤财又无济于事，好成果、高技术难以得到好待遇、高待遇。三是科技管理工作中强调以计划、项目为中心，不重视中小企业技术创新能力的提升，导致技术创新计划、项目与中小企业内部的物资、人力资源不能有效结合和配置，影响了技术创新能力的提升。四是管理观念滞后。"领导就是服务，现代管理也是服务"，这是现代政府履行管理使命必须确立的管理理念。但是实际工作中的情形却存在明显差距，国家和省里出台了一些扶持中小企业技术创新的政策，旨在推进中小企业技术创新和发展，但在具体工作中却往往出现"死角"，使得国家的政策不能与政策执行对象（中小企业）对接，这就使得政策的制定从某种程度上失去了意义，也使得政策的有效实施无从谈起。

3. 大学、研究机构与中小企业的合作研究状况

目前，我省的研究开发力量60%集中在大学、科研机构。但由于体制的原因，长期以来山东科技创新与经济一直存在着"两张皮"的现象，企业作为单纯的生产单位，关心完成生产任务较多，关心技术进步较少，缺乏技术开发能力。而科研经费和科研人员主要集中在科研院所和高等学校，它们只关心科研任务的完成，不关心科研成果能否转化为生产力。这样，大量的科研力量游离于经济主体之外，使产、学、研之间资源的联动不足，知识资源流动方式和渠道不多，研究开发不能同市场和生产紧密结合，科技成果转化率很低，浪费了大量的科技资源。造成这种现象的原因有以下两个方面：第一，由于条块分割，部门之间、部门与地方之间、地方与地方之间以及军民之间的科研机构、大学合作研究和人员交流难以开展，导致大量重复研究，资源不能充分共享，力量不能有效集成，知识生产总体效率低下，难以取得大的突破。第二，企业与研究院所、大学之间的联系、合作与交流不畅。由于部门分割，企业的技术引进、消化吸收和创新，科研机构和大学难以参与，反之，承担的国家科研任务，企业也没有渠道参与。因此，中小企业、科研机构和大学之间技术创新活动的合作交流，仍然是今后有关部门应加以解决的一个问题。

4. 信息需求与来源状况分析

市场经济条件下信息是重要的经营资源，也是技术创新的推动力。中小企业技术创新中信息量的多少和质量的好坏，直接影响产品和工艺的创新的质量。信息化是带动技术创新，增加企业经济效益的重要源泉。目前，我省对许多信息工作还缺乏认识，相当多的企业还是闭合型的，没有信息机构，没有信息采集研究的力量，没有信息共享的有效机制，对与本行业相关领域的技术发展水平，对国内外竞争对手的技术状况知之甚少。尽管近年来山东科技创新网、中小企业网对山东中小企业的技术创新活动起到了一定的推动作用，但是大多数山东中小企业在获得各种信息时，手段比较落

后，一般都采用独自调查研究。企业产品信息来源，主要依靠企业业务员、推销员通过洽谈业务获得市场信息；在获取技术信息时重视利用科技文献、专利文献；在获取技术创新的融资和人才信息时，企业较关注政府有关部门的资料或通过与领导层社交活动中获取。在这方面，我们应该学习国外的做法，创设全省范围的免费信息中心，帮助咨询者解决创业与经营中有关技术创新活动的问题。

（六）技术产出与扩散中存在的主要问题分析

技术对经济和社会的作用是通过技术成果的产出和技术扩散来实现的。从总体上看山东中小企业技术创新的技术产出与扩散状况较好，科研水平居全国的前列，科技市场日趋活跃，2001 年，技术市场合同成交量、技术市场成交额、技术引进合同数量、区域专利申请受理总量、区域专利授权总量都排在全国的前七位以内（具体见表 1—15）；特别是，山东省近年来实施"科教兴鲁"和"可持续发展"战略，重要科技成果的不断涌现，许多优秀成果通过实施"星火"计划和"火炬"计划等科技计划，向中小企业转移和扩散，有力地促进了中小企业技术创新能力的提高（1995 年以来山东重要科技成果见表 1—16）；技术市场日益活跃，常设技术市场如江北（平度）农业技术市场、济南科技市场、山东（宁阳）种子技术市场等十几个技术市场迅速发展，带动了全省的技术市场的合同成交量与成交额不断增长，技术咨询和服务的质量不断改善。

表 1—15　　　　2001 年山东与北京、上海、广东、江苏、

浙江技术创新产出与扩散情况比较　　　　单位：万元

地区	区域内技术市场成交额（万元）	在全国的位次	区域内技术市场合同成交量(项)	在全国的位次	技术引进合同数量（件）	在全国的位次	区域专利申请受理总量	在全国的位次	区域专利授权总量	在全国的位次
全国	7827489		229702		3900		165773		99278	
北京	1910065	1	23921	3	361	3	12174	4	6246	4

地区	区域内技术市场成交额（万元）	在全国的位次	区域内技术市场合同成交量（项）	在全国的位次	技术引进合同数量（件）	在全国的位次	区域专利申请受理总量	在全国的位次	区域专利授权总量	在全国的位次
上海	1061603	2	23816	4	1022	1	12777	3	5371	6
广东	539722	3	9270	7	152	5	27596	1	18259	1
江苏	529165	4	30855	2	116	7	10352	6	6158	5
浙江	316652	8	33728	1	74	11	12828	2	8312	2
山东	321938	7	17840	6	378	2	11170	5	6725	3

表中数据来源：《2002 中国统计年鉴》中表 20—43，表 20—50；《2002 中国科技统计年鉴》中表 5—21，表 5—27；部分数据根据计算整理取得。

表 1—16　　　　　1995—2001 山东重要科技成果统计表　　　单位：项

年份	年成果总量	农业研究成果	工业研究成果	医卫研究成果	其他行业研究成果	国际领先先进水平	国内领先先进水平	省内领先先进水平
1995	3251	702	1524	529	496	466	2272	513
1996	3388	709	1599	596	484	471	2353	564
1997	3507	737	1517	701	552	456	2678	373
1998	3558	614	1515	812	617	724	2516	318
1999	3688	557	1270	1140	721	744	2737	207
2000	3728	575	1289	1112	752	599	2861	182
2001	3112	494	1138	1034	446	506	2439	167

表中数据根据《2002 山东统计年鉴》中表 17—18 整理取得。

在看到成绩的同时，我们还应该看到中小企业技术创新的产出与扩散中还存在着很多问题，较突出的是：

1. 近年来高层次科技成果获奖能力下降

从 1995 年到 2001 年，累计国家级科技成果奖励成果 267 项，获奖总数连续 9 年全国第一，累计评审出省科技进步奖 3167 项，从总量来看山东科技成果的获奖总数较大。但是，从获奖层次来看，高层次科技成果获奖数量近年来呈减少趋势。国家发明奖从1995年的10项，减少到2001年的1项；国家自然科学奖1995年取得2项，1999年以后没有取得过；国家科技进步奖，从1995年的40项、1996年的50项，减少到2001年的18项（具体见表1—17）。这反映出山东科技创新的质量有所下降，精品较少，也反映出山东高层次人才不足的现实状况，这势必影响高新技术中小企业的技术创新能力，应引起注意。

表1—17　　　　1995—2001山东科技成果奖励情况统计表　　　单位：项

项目＼年份	1995	1996	1997	1998	1999	2000	2001	合计
一、国家级科技成果奖励成果	52	59	41	39	36	21	19	267
国家发明奖	10	9	11	9	7	5	1	52
国家自然科学奖	2		1					3
国家科技进步奖	40	50	29	30	28	16	18	211
国际合作奖					1			1
二、省科技进步奖	450	446	442	453	442	472	462	3167
一等奖	13	11	14	14	14	20	24	110
二等奖	120	122	120	129	123	133	122	869
三等奖	317	313	308	310	305	319	316	2188

注：（1）国家自然科学奖每两年评审一次。

　　（2）表中数据根据《2002山东统计年鉴》中表17—19整理取得。

2. 技术引进能力差

区域引进技术合同金额比全国的平均数还低67%，这与我省的经济、科技地位不相称。从国际经验来看，技术上"奋起直追"国家和地区技术创新能力的提高策略，无一例外的是采取技术引进和模仿，韩国、日本技术和经济的腾飞已经有力地证明了这一点，山东应对此引起高度重视。

3. 地区间技术创新的技术产出与扩散差距太大

东部经济较发达的青岛市，专利的申请和授权量几年来都在1000件以上，而滨州市仅有十多件，这也表现出地区间技术创新能力的差距。

4. 专利的转化能力较差

大量的科研力量游离于经济主体之外，研究开发不能同市场和生产紧密结合，科技成果转化率很低，每年的科技成果，仅有15%—20%投入生产，浪费了大量的科技资源。

五　提升山东中小企业技术创新能力的主要对策与措施

从中小企业技术创新理论、国外提升中小企业技术创新能力的经验来看，提升中小企业措施，包括中小企业内部和外部两个方面。从中小企业内部来讲，主要包括研究开发的组织与管理，人才的引进培养与激励，研究开发手段、装备与经费投入，技术引进、消化吸收与成果推广等方面所采取的政策措施；从中小企业外部来讲，主要是政府通过激励、引导、保护、协调和规范中小企业及其他相关创新主体行为，优化中小企业技术创新的环境，而采取的各种直接和间接的政策措施的总和。根据山东中小企业技术创新能力现状，目前提出山东中小企业技术创新能力的政策措施应包括以下内容。

（一）优化技术创新人才的配置，加强对技术创新人才的培养和引进

技术创新人员是技术创新活动的实际承担者，技术创新人力资源状况是决定中小企业技术创新能力的最重要的因素。因此，优化技术创新人才的成长环境，加强技术创新人才的引进、培养、管理和激励的研究，使技术创新人才"人得其位，人尽其才"，是中小企业提升技术创新能力的关键。根据山东技术创新人力资源状况的实际，目前应做好如下几项工作。

1. 充分发挥人才市场在技术创新人力资源配置中的作用

技术创新优秀人才的合理有效的流动，不仅可以减少中小企业对创新人才的寻觅成本，而且能为技术创新人才充分发挥其聪明才智提供了新的舞台，有利于中小企业加快技术创新进程，缩短技术创新的周期。世界发达国家和国内先进省市的成功经验表明，人才市场在人力资源配置中的地位和基础作用。人才市场作用的发挥不仅直接关系到人才资源的合理配置，而且是促进人才合理流动、防止人才流失的重要手段。就山东目前的实际情况来看，要更好地发挥人才市场在中小企业技术创新人力资源配置中的作用，应着力做好以下几点工作。

第一，加强人才市场体系建设。做好全省人才市场建设规划，将人才市场置于与其他生产要素市场同等重要甚至更为重要的位置，在资金、场地、设备、机构、人员等方面给予必要支持，加快人才市场的培育和发展，形成以各级政府人事部门所属人才市场为主体、民办中介人才服务组织为补充，多层次、多功能、覆盖面广、功能完善、机制健全、法规配套、指导及时、服务周到的人才市场体系。尤其要搞好省级人才市场的硬件和软件建设，强化其功能，以发挥龙头带动作用。

第二，要加强人才市场政策、法规建设，强化人才市场立法和执法，建立健全人才流动争议仲裁制度，保障和维护专业技术人才与用人单位双方的合法权益；同时，要打破人才"单位所有"的界限，确立用人单位和专业技术人才在人才市场中的主体地位，真正实现用人自主、双向选择。

第三，要充分运用市场规律、价值规律，发挥人才市场在人才资源配置、调节中的基础作用，盘活人才存量，调剂人才余缺，调整人才分布和结构，逐步实行市场决定报酬、报酬引导流动，实现人才资源社会化、资源配置市场化。

第四，要加快人才信息系统网络建设，实现全省人才供求信息的共储、共享和网络化快速传输，促进人才信息交流，引导人才合理流动。

第五，政府要加强对人才市场运作的宏观管理，综合运用经济手段、法律手段和必要的行政手段，充分发挥现有人才的作用，减少市场的盲目性和局限性，引导人才的流向，控制人才的流量和流速，保证重点发展行业、地区的人才需求，保持人才供求总量的动态平衡、布局和结构的相对合理。

第六，强化人才市场服务功能。要发挥政府人事行政部门人才服务机构在人才市场中的主渠道作用，有计划、有步骤地建立一些专业化、产业化的人才市场中介组织，不断拓展人才市场的服务领域，逐步完善、强化人才市场的人才信息库、人才交流站、人才培训部、人事代理处、人才素质测评中心和人才流动争议仲裁庭等服务功能，最大限度地满足专业技术人才与用人单位的需求。

这里应特别注意的是，人才市场的建设和运作中，不仅要建立技术创新人才的合理流动机制，而且要建立和完善中小企业家合理流动的市场机制。高素质的企业家具有高远眼光、超前意识，他们文化技术素质高，思想活跃，眼界开阔，不甘落后，渴望采用新技术、新设备、开发新产品，在企业技术创新的每一个重要发展阶段他们都率先做出正确的决策，在中小企业技术创新中起到了技术创新中流砥柱的作用。因此，要逐步形成一个人数众多的可以自由流动的职业企业家阶层和资产所有者对经营者需求的买方市场。这样，所有者才能在市场上选择经营者主要根据他过去的经营业绩和表现来判断其人力资本的价值或其经营能力的高低，并以此决定取舍；在职的经营者也会面临被竞争者取代的威胁，从而自主提高素质，中小企业技术创新的组织、管理、实施、推动等就有了人才保证。

2. 下大力气培养和引进高层次的技术创新人才

高层次技术创新人才对中小企业技术创新具有"极化效应"。按照市场经济规律的要求，围绕山东高科技产业发展方向，优化人才引进、流动、培养、选拔机制，构筑一个结构合理、素质优良的高层次技术创新人才群，是目前促进山东中小企业技术创新的一项重要工作。首先，要构建和完善具有山东特色的有利于中小企业吸引人才、留住人才、人尽其才的人才政策体系，扭转我省中小企业在高层次人才争夺战中的被动状况。各级政府应鼓励和支持高等院校、科研院所和海外回国的科技人才自创企业或到中小企业工作；聘请国内有关高校、科研单位的知名教授来我省高科技中小企业工作，担任技术或行政职务；省财政每年安排一定数量的资金建立省引进人才科研基金，资助从省外、国外引进的高层次人才，引进人才中小企业也要拿出一定数量的匹配资金，加大人才引进的投资；允许和鼓励国内外投资者以具有创造能力的人才资本（管理专长、技术专长）、有转化能力的智力成果（专利发明、科技成果）等生产要素按规定创办中小企业；对已有政策规定（如 2001 年 4 月山东省出台的《关于鼓励科技型中小企业创新发展的若干规定》中关于鼓励科技型中小企业技术创新人才引进的政策），要制定出台配套措施，特别要对程序、方法、责任部门、监督部门及责任追究做出明确规定。其次，要改变现有的人才管理模式，鼓励各类高技术人才的自由流动，取消那些不合理的人才流动限制。对中小企业中的技术人才在课题申请、出国培训进修、家属安置、子女求学等方面予以适当照顾。逐步建立符合单位自主用人、人员自主择业、政府依法监督、科学分类管理、配套措施完善的宏观人才管理机制。再次，在高层次人才引进上，中小企业要建立在"不求所有，但求所用"、"人才共享"的人才观之上，政府应在引进重点、引进方式上给予指导；对一些关系我省产业发展方向的中小企业技术创新高层次人才如电子信息、生物工程、新材料、海洋新兴产业、先进制造技术、新能源的引进，政府应在工作条件、生活待遇等方面给予一定的补贴；对于给山东中小企业技术创新做出突出贡献的高层次人才，无论其工作单位是否是在山东，政府都给予重奖。最后，对于在高科技中小企业工作的高层次人才，政府应区分不同层次、不同情况、不同要求，采取不同措施，以省级以上拔尖人才、学术带头人等高级专家和有真才实学的中青年博士、中小企业家为对象，在培养发展目标的确定和培养途径、方式、手段及保障条件等各个方面进行综合考虑、重点培养，使他们的知识不断更新，视野不断开阔，创新能力不断增强。

（二）完善中小企业技术创新投资与融资体系

资金不足是制约山东中小企业技术创新的最大障碍，我们认为应该从完善中小企业技术创新投资与融资体系的高度，着力从以下几个方面解决这个问题。

1. 加大财政资金投入，发挥好政府资金的导向作用

这里说的发挥政府资金的导向作用，并不意味着政府对此大包大揽，而是遵循发达国家的习惯做法，在保证中小企业组织开展技术创新活动的前提下进行推动，从而在中小企业内部形成"造血机制"，为其进入产业化扩张和引导商业性资本的介入起到铺垫作用，从而达到支持高科技成果转化，提升中小企业技术创新能力的目的。这方面除了在扶持项目的选择、资金使用监督等方面应进一步做好工作外，主要还应做好以下两点。

除了增加省级科技三项经费、自然科学基金和中青年科学家奖励基金，增拨一定数量的专项基金用于重大的具有自主知识产权的高新技术研究，对已有中小企业技术创新扶持项目的资金使用监督等方面应进一步做好以下三点。

（1）协助中小企业争取国家科技创新基金立项工作。国家科技创新基金项目的实施，对营造山东省创新政策环境，鼓励科技人员创新创业，加快科技成果转化的步伐，促进科技型中小企业发展和推动高新技术产业化方面的作用产生了显著的影响。这项工作潜力仍然很大，科技部门应当下大力气继续做好。今后，各个有关部门应学习北京、上海等省市立项率高的经验，进一步加强对这项工作的组织和指导；通过各种形式，加大宣传力度，将国家有关科技型中小企业技术创新基金申请

的信息及时发布给有关企业；挖掘山东省科技型中小企业开发水平较高的项目；发挥好中介服务机构为科技型中小企业在创新基金项目申报中的辅导和服务作用；指定专门机构负责指导有关企业申请表格的填报、科研报告的编写工作；做好初审工作，提高申报效率和项目的获准立项率。

（2）加大科技型中小企业技术创新专项扶持资金资助力度，通过贷款贴息、无偿资助和资本金注入等方式，对产业化初期（种子期和初创期）、技术含量高、市场前景好、风险较大、商业性资金进入尚不具备条件、最需要由政府支持的科技型中小企业项目给予资金支持，并为其进入产业化扩张和引导商业性资本的介入起到铺垫作用，从而达到支持高科技成果转化和技术创新，培育和发展科技型中小企业的目的。各地也应视财力状况，尽量从财政预算中拿出一块专项资金资助科技型中小企业的创新和发展。

（3）政府可根据中小企业技术创新的需要，设立区域性的中小企业发展、投资基金。基金来源可由政府预算拨款、其他专项资金、民营企业团体或个人的捐赠款项、基金利息和其他收入构成。除此之外，还可以设立奖励基金，对在企业的技术创新活动中做出贡献的技术人员给予奖励等办法，刺激企业增加科技创新的投入，激发技术人员创新的积极性。

2. 拓展中小企业技术创新融资的渠道

（1）落实有关政策，积极为中小企业取得技术创新贷款创造条件。省内金融机构要积极探索多种行之有效的途径，改进对中小企业技术创新的信贷服务。依据企业的不同特点建立相应的授权授信制度，完善资金管理办法，增加信贷品种，拓展担保方式，扩大科技信贷投入。目前，首先要在国有商业银行建立为中小企业技术创新服务的职能部门，建立商业银行特别是国有商业银行向中小企业发放贷款的激励机制，简化审贷手续，完善授信制度，扩大信贷比例，提高工作效率，加大国有商业银行对中小企业技术创新的贷款支持力度。其次，股份制商业银行要根据中国人民银行 2002 年

8月发出的《关于进一步加强对有市场、有效益、有信用中小企业信贷支持的指导意见》中的要求，把支持中小企业技术创新和发展作为工作重点，防止贷款过度向大企业、大客户集中而潜伏新的信贷风险。最后，城市商业银行要从各地经济发展的实际出发，立足地方、重点为地方中小企业技术创新和发展服务。城市信用社要根据自身经营特点，进一步提高对中小企业技术创新的服务水平。此外，山东可效仿上海等地的经验，建立专门供给中小企业贷款的专业银行，利用银行视角广、信息灵的优势和方便条件，建立相应的信息咨询和服务系统，为中小企业技术创新提供中长期贷款、资金结算、财务咨询等金融服务，以及政策信息、商业信息与新技术推广信息的服务。

（2）利用"创业板"市场，拓宽中小企业直接融资的渠道。我国也正在酝酿建立"创业板"资本市场，这将为科技型中小企业直接融资创造条件。山东省应抓住机遇，积极为全省的科技型中小企业在二板市场上市创造条件。同时，可利用加入WTO的有利时机，促使中小企业在香港等地的创业板上市直接融资。在这方面还需要重点落实的工作，首先是在清理整顿和规范发展地方性股权交易市场的基础上，积极培育和规范产权特别是知识产权的转让市场。鉴于我国产权市场发育情况和特点，可在规范和加强监管的基础上，促进全省区域内产权市场的联合，甚至跨省区域的联合，把产权交易市场建设成为集产权转让、非上市股权交易、拍卖、资产评估等业务于一体的综合性的产权市场。其次，加快产权交易所的发展，吸收有资格的拍卖行等中介机构、非银行金融机构、授权的国有资产经营公司等作为会员，尽快开展产权转让业务。同时尽快建立产权转让信息网络，并在知识产权转让方面制定一些优惠政策，保证知识产权转让的公开性和公平性，促进产权向中小企业的合理流动。

（3）发展融资租赁业务，拓宽间接融资渠道。金融租赁是一种快捷、简便、适应较强的融资方式，一般来说，融资租赁比贷款风险小，比发行证券所受的限制少，因此融资租赁是特别适合技术创新和设备更新改造的金融工具。采用这种方式来筹资，中小企业可以达到在资金短缺或不愿动用经营资金的情况下添置或更新设备的目的。考虑到目前中小企业普遍急需设备更新和技术改造，所以融资租赁是中小企业可以选择的一条合适的融资渠道。中小企业可以根据自己的技术创新的需要向租赁公司提出设备租赁申请，经租赁公司审查同意后，由公司代为融资，购进设备，企业只要分期支付租金，就可以拥有百分之百的融资额，租赁期满后，承租人只需要象征性地交付一些价款，即可获得设备使用权。融资租赁业通过租赁设备把闲置的或新开发的生产设备尽快投入到生产过程中，不仅实现了及时设备要素在各行业间的合理流动，提高了要素的使用效率，更主要的是减少了中小企业技术创新特别是成果转化的筹资环节，开拓了融资渠道，使中小企业能够在技术创新过程中得到先进的机器设备，促进技术创新能力的提高。

3. 推进中小企业信用担保体系建设

信用担保体系作为金融服务体系的一部分，对缓解中小企业技术创新融资困难、强化信用观念、化解创新风险、促进中小企业的技术创新起着重要的作用。从山东目前的情况看，中小企业技术创新融资难，很大程度上是中小企业在技术创新融资时得不到担保机构的担保。积极采取措施，加快建立和完善以中小企业为主要对象的信用担保体系是解决中小企业技术创新融资难问题的一个重要途径。

（1）科学有效地发挥政府的推动作用。根据国外经验，中小企业信用担保制度的建立与规范化运行，政府有着不可替代的作用（特别是在初创阶段）。这里说的发挥政府的推动作用，并不意味着政府对此大包大揽，而是遵循国际上的习惯做法，在保证担保机构作为独立的法人组织开展工作的前提下进行推动。譬如政府不仅可以对中小企业担保机构提供全额基金或部分出资，而且还可以根据实际情况对担保机构的亏损提供一定的补贴，但政府的出资和补贴是有限制的、有节制的，以利于担保机构形成"造血机制"。因此，担保公司的创建和运作从一开始就要力求避免政府对具体担保业务的过多干预，使担保公司真正能够企业化运作，避免出现担保机构的政府化倾向。

（2）建立中小企业、信用担保机构、协作银行良好的合作机制。中小企业信用担保机构的建立可以分散银行的风险，但不是完全接受银行的风险，使银行在不承担任何风险的情况下获取稳定的收益。因此，应当明确中小企业担保机构与协作银行的保证责任形式、担保资金的放大倍数、担保范围、责任分担比例、资信评估、违约责任、代偿条件等内容。在当前全省担保业尚未形成较大规模情况下，担保的放大倍数应该控制在 10 倍以内，再担保放大倍数可以大于担保放大倍数，以后随着整个社会信用体系的建立和担保业的不断发展，再逐步提高放大倍数。中小企业信用担保机构应当尽量避免全额担保，对目前商业银行不愿意承担任何风险的做法，除了人民银行做好引导商业银行在风险分担、放大倍数和业务开展上积极与信用担保机构合作之外，还应充分发挥其管理和协调功能，理顺中小企业信用担保机构与协作银行的合作关系。同时还应引导信用担保机构正确对待中小企业的技术创新活动，把工作做细，能够较为准确地选择和培养担保对象，而不是因为"印象歧视"而失去担保对象。对于中小企业，也应当加强领导和辅导，使之能够尽可能地用好信贷资金，通过强化管理苦练内功，不断优化资信形象，与信用担保机构建立良好的合作关系，使中小企业的融资难题得到较为顺利地解决。

（3）建立和规范中小企业信用制度。建立信用制度需要中小企业和社会两方面共同努力。一方面，要强化企业经营者的现代管理意识，转变经营观念，要逐步建立中小企业经营者的个人信用；把信用管理作为企业发展的重要问题来抓，建立企业内部信用风险管理制度；加强客户信息管理和资信调查，防范其他企业对本企业的损害。另一方面，通过广泛宣传，树立信用是最重要的社会资本的观念，形成信用的奖罚制度，提高社会各界对信用的认识程度；建立健全社会的信用体系，并运用现代通信手段迅速传递企业信用信息，实现信用信息的全社会共享，营造"讲信用得到扶持、不讲信用受到制裁"的氛围。有关部门应研究提出建立中小企业信用制度的相关办法，税务、银行、工商管理及海关、质量技术监督等有关部门和机构，应在中小企业纳税、贷款、工商年检、通关报税、产品质量检验等记录收集整理的基础上，逐步建立和完善中小企业信用评价体系，向银行等机构提供企业信用信息。表彰重合同、守信用的中小企业，树立信用典型，大力宣传和推广信用管理先进模式和经验，各有关部门应对这样的企业给予支持。通过工商年检、银行信贷、质量抽查等收集企业信用记录，将少数信用低劣的中小企业列入"黑名单"，通过限制这些企业，更好地支持信用好的中小企业的发展。积极开展建立信用制度的普及教育工作，对企业经营管理、财务管理、质量检测等人员开展信用和专业技能培训，培养信用调查分析、评价和监督等专业人才。

4. 大力发展风险投资

大力发展风险投资，把风险投资者、风险资本和风险企业家聚集在中小型高新技术企业里，不仅会缓解中小企业技术创新融资难的状况，使风险投资良性循环，而且是从根本上推动和提升山东中小企业高新技术创新活动上水平、上档次的需要。我国早已开始重视风险投资事业的发展。早在1985年3月13日，中共中央《关于科学技术体制改革的决定》中就明确指出："对于变化迅速、风险较大的高新技术开发工作，可以设立创业投资给予支持。"并在1985年9月，批准成立了我国第一家风险投资公司——中国新技术创业投资公司。1991年3月6日，经国务院批准的《国家高新技术产业开发区若干政策的暂行规定》指出："有关部门可在高新技术产业开发区建立风险投资基金，用于风险较大的高新技术开发。条件成熟的高新技术产业开发区，可创办风险投资公司。"此后，中共中央和国务院多次指出和强调要"积极探索发展科技风险投资机构，促进科技成果转化"。山东经过多年的发展，目前的风险投资大体有四种情况：一是由专门从事此业务的单位组织的风险投资，如 2001 年 6 月，成立了省政府出资兴办的山东省高新技术投资有限公司；二是由兼营风险投资的单位组织的风险投资，如鲁能英大投资公司等；三是高校对一些较好的科技成果予以投资形成的风险投资，如山大华特公司等；四是有些省、市科委或经委与当地金融机构合作，从地方财政、三项费用或从中央的一些专项贷（拨）款中，拿出一部分所形成的风险投资；此外，也有一些集体企业乃至私营公司进行的风险投资。但从目前风险投资的实际效果来看却不十分理想，难以形成自身的良性循环，没有起到推动我省科技型中小企业技术创新和科技成果产业化的作用。所以会出现这样的结果，主要还是由于认识、理解上的不足所造成的。如片面地强调风险投资的融资功能，忽视了对其实质和机制内涵的研究；用计划经济体制的方式去培育风险资本市场；缺乏制度创新；缺乏培育风险资本市场的具体政策和法律扶持体系；等等。

我们认为，要使山东省各类风险投资公司更好地发挥作用，应重点解决好以下几个问题。第一，政府要高度重视风险投资对推进中小企业技术创新的重要作用，加大政府提供启动资金和支持风险投资发展的力度，从制度上肯定和规范风险投资行为，保护风险投资者的各种权利，完善有关风险资本市场的具体政策和法规。第二，致力于风险投资机制的研究和建立，并以此为基础建立风险资本市场的运行机制。"市场失灵"理论表明：市场并不是万能的，也是有缺陷的。对于风险资本市场来说，如果在其孕育、成长的初期任由市场这只"看不见的手"来调节、配置的话，其结果也只能是灾难性的失败。这个时候最需要、最关键的就是政府在政策上的扶持和规范。第三，加强引导为风险投资创业服务，有效地培养投资经验和技术面、知识面较为宽广，懂管理、善经营的风险投资专业人才，促使风险投资者顺利介入科技型中小企业的技术创新，充分发挥其两栖（提供资金、参与管理）作用。第四，建立和完善风险投资的退出机制。风险投资的退出方式有股票公开上市、被收购（也包括管理层购买）和破产清算三种。其中股票上市和被外部机构收购是较为理想的退出方式（可使得风险投资获得好几倍的资本收益），但这两种方式都需要有市场支撑（产权交易市场、"二板市场"）。第五，制定和实施鼓励风险投资发展的税收政策、信贷担保政策、财政资助政策等，使风险投资公司的回报不低于其相同数额的贷款利息收入，并且允许风险投资公司对风险投资实行单列核算。在一定期限内，当其累计红利超过风险投资总量的一定倍数（以不小于 5 倍为宜）之后，再对其征收所得税。

国外经验表明，风险投资对于中小企业创新与发展具有明显的"点石成金"的作用，对促进中小企业技术成果的商品化、产业化、资本化、国际化，对促进中小产业调整和优化升级必将产生积极的作用。因此，只要统一认识，优化环境，规范操作，风险投资业就一定能取得成功。

（三）加强基础研究，增强技术创新的后劲

基础研究不断形成的新思想、新理论、新方法和新工艺，是应用研究和技术开发的源泉，扎实的基础研究，对中小企业技术创新能力的提高提供了重要的保障。目前，山东的基础研究工作要按照统筹规划、分步实施、突出重点、分类指导的原则，结合山东实际情况，围绕高新技术发展的优势领域，集中力量，加大投入，形成若干个科学研究基地、技术开发基地，促进多学科的交叉、融合、渗透和联合攻关。重点进行应用基础研究，形成一批优势学科，为进行自主创新、形成自主知识产权打下良好的基础，为中小企业技术创新提供技术储备，增强技术创新的后劲，这是今后山东基础研究的方向和重点。同时，在工作中特别注意以下几点。

1. 加强对应用基础研究的计划和指导

在基础研究中，又可大致分为纯科学研究和应用基础研究两类，这两类研究项目的形成和性质都有所不同。纯科学研究项目学

术性强，不直接为国家的经济目标服务，也难以进行规划。应用基础研究则是在近期或中期内具有应用价值的研究，可通过规划引导。在规划应用基础研究中，政府部门应当注意与企业相接触和相协调，对基础资料和基础数据进行收集和整理，在充分了解情况的基础上，从提升区域创新能力的高度，及时筛选、抽象出制约技术创新能力的"瓶颈"问题，引导科技人员进行研究，形成"兴趣导向"与"问题导向"共存的格局。

2. 坚持走联合研究的道路

首先，要注意大学、科研机构与中小企业的结合，这有利于发现和明确问题，共同解决问题，有助于促进基础研究、应用研究和技术开发的成龙配套，有利于把企业和科研机构的资源联合起来，尽快将研究成果转化为现实生产力。其次，要注意各个科学领域互相渗透，特别是某些带有综合性的课题。有的大型项目需要多学科合作，共同努力来完成。在信息科学、生命科学、材料科学和海洋科学等山东基础研究的重点领域，可采取成立跨学科课题组、互派访问学者、不同学科的专家联谊会、交叉学科学术讲座等形式，加强合作，促进学科交叉的理论与实验研究。最后，要注意同一学科不同层面之间的密切合作，强化纵向联系。

3. 在加强对大项目的政策引导的同时，对小项目也要给予充分的重视

在基础研究中必然是大项目与小项目共存，既有投资大、规模大的大项目，同时也有费用少、规模小、数目大的小项目。很多小项目也具有很强的学术性、探索性、创新性，一旦这类项目的研究获得成功，常常对科学的发展有着不可估量的作用。20世纪中后期的美国科学史表明，基础研究中重大的科学成就，75%来自"小项目"，而诺贝尔科学奖的得主大都来自"小项目"的项目主持人。我们应当努力创造一个宽松的环境，鼓励中小企业在"小项目"研究上自由探索。

（四）优化中小企业技术创新环境

技术创新的环境的改进是提升中小企业技术创新能力的一个重要条件，也是中小企业自身无法解决的一个难题。通过创造良好的环境，促进中小企业的技术创新，提高区域竞争力，是各级政府义不容辞的责任。

加强为技术的生产者和使用者服务的技术基础设施建设；改善自然、人文环境，为中小企业创造一个适应科研、技术开发的良好条件。此外，还应做好以下工作。

1. 加快公共技术平台建设

本书所指公共技术平台的建立主要是指共性技术的研究与开发，以及重视服务机构的建立。对于某些前沿的、应用广泛、外部效应极为显著的亟待研究的技术，如共性技术，由于其开发成本和风险很大，一般中小企业无法承担。这类技术的研究与开发，应由政府指派特定的科研部门来实施。即政府应组织专门的研究开发机构从事特定的研究与开发工作，以便为社会提供技术上的公共产品，从公共技术服务的角度，增强中小企业技术创新能力。

2. 加快技术服务业的发展

技术服务业是指专业技术人员利用其知识、技术经验信息和技术条件为委托方解决各种技术问题的服务产业，如向用户介绍或传授有关技术和经验，提供技术信息，进行技术诊断，解决生产难题，承担技术设计，分析检测安装调试等。为使技术发明成果能在时效期内迅速由供方向需方流动，技术供需双方的信息沟通必须顺畅高效，而且供需双方必须能够对交易成果的先进性、科学性、经济性、适用性、风险性进行评价，对转化后的市场前景进行预测。由于科技成果产业化过程中的工程实施、组织管理的配套转移、技术疑难咨询、资金融通、员工培训等环节都会影响技术成果形成规模生产的成功率，因此，在全社会范围内发展技术服务业、技术咨询业，为中小企业提供信息网络和专家知识的支撑就显得尤为重要。

3. 加大知识产权保护力度

在技术创新活动中，知识产权的保护是不可缺少的。如果对知识产权保护不力，不仅会挫伤率先者的积极性，导致率先创新不足，而且将使得模仿创新无以为继，影响社会创新总量。因此，各级要提高知识资产管理能力，发挥知识产权制度作用；大力加强知识产权宣传，强化知识产权保护的执法和监督机制；通过宣传和实例示范引导企业走合法模仿创新之路，保护先驱者和模仿者的共同利益。同时加强知识产权信息体系的建设，构建知识资产管理的信息基础，使更多的企业通过专利信息等公告方式，以最快的速度掌握技术发展的最新动态，为合法的模仿创新提供更好的支持。

4. 推进有利于技术创新的文化环境建设

技术创新的文化环境建设是一个庞大的系统工程，涉及整个教育体系、企业文化乃至整个社会文化。营造有利于技术创新的文化环境，需要政府、学校、企业乃至整个社会的努力。首先，要营造一个允许发表不同意见，鼓励学科交叉和融合的宽松、民主、自由的学术环境，改变论资排辈、人才老化的现象，鼓励青年科技人才脱颖而出。其次，中小企业内部应鼓励职工进行创新实践，支持职工开展创新活动，以"敢干、敢创"论英雄，创造出宽容和理解的企业环境氛围。最后，学校和社会要支持一切有创业能力和愿望的人创立自己的事业，放手发展中小企业；培育大学生的创业意识和创业精神，激活他们的创业欲望，并提供创业机会和创业服务，使大学毕业生的社会角色发生新的变化。通过创新文化建设，弘扬其创新精神，激励人们去创新，去追求成功，创造良好的技术创新文化氛围。

5. 提高政府工作效率和工作质量

首先，各级政府要制订和实施中小企业技术创新计划，有关部门应定期向社会发布具有指导性质的《中小企业技术创新指导目录》，发布相关行业的技术标准和行业发展趋势信息，以避免低水平的盲目竞争和重复建设。其次，明确规定为中小企业技术创新服务的职能部门和其工作人员为中小企业提供服务的质量标准，规范其服务行为。最后，应落实好《中小企业促进法》和山东省出台的《关于鼓励科技型中小企业创新发展的若干规定》等政策法规中对中小企业技术创新的一些促进和优惠政策，同时加快制定对中小企业的重大技术研究与开发项目进行扶持的直接资助、对有能力却无开发资金的中小企业提供无息或低息贷款，以及促进企业技术创新的政府技术采购等一系列优惠政策，完善促进技术创新和技术改造的政策、法规体系，采取各种措施鼓励、引导和规范企业的技术创新活动。

6. 加快信息网络平台建设

信息网络平台是技术创新的重要环境条件。技术和信息是密不可分的，建立向全社会开放的包括政策信息、技术信息在内的中小企业信息网络平台，是提高中小企业的技术创新能力的一个重要的途径。目前除了继续扩充现有山东省科技型信息网，充分利用中国中小企业网等网络平台以外，还应该启动各类技术专业网络建设，使中小企业之间的技术需求与高校和科研院所的技术研制及供给等方便快捷地联结起来。各级中小企业办公室，要根据当地中小企业状况，筛选有针对性的信息，进行信息加工并通过自办的杂志、影像资料和计算机网上图书馆对当地中小企业开放。建议省科技厅创造条件，逐步建立知识产权网络中心，通过完善专利技术流通数据和专利查阅设施，促进专利技术流通和中小企业引进专利技术；并派遣专利流通顾问，举办各种专利技术报告会，按不同技术领域提供专利技术介绍，为专利发明者和中小企业牵线搭桥，提供专利技术查阅服务。

7. 创造良好的研究开发氛围

提倡高等学校、科研院所的科技人员、教师兼职创办或受聘于高新技术企业，从事高新技术成果的转化工作，所在单位应继续为科技人员从事应用研究开发提供科研条件。开展丰富活跃的大学生创业竞赛活动，激发大学生的创业潜能。大学生"创业计划竞赛"是就实施某一项具有市场前景的新产品或新服务提出可行性报告，借用风险投资的实际运作模式，围绕这一产品服务，以"获得风险投资"为目的，完成一份完整、具体、深入的商业计划。通过参加竞赛，进一步改进、完善和催化优秀创业计划和创业公司的诞生。培育大学生的创业意识和创业精神，激活他们的创业欲望，并提供创业机会和创业服务，使大学毕业生的社会角色发生新的变化，他们不仅是求职者，而且有可能是创业者。

（五）建立健全中小企业社会化服务体系

建立健全中小企业服务体系，是推动中小企业成长和发展的重要保证。由于中小企业发展具有巨大的外部经济性，所以应在不干预中小企业经营自主权的原则下，政府有责任促成中小企业社会服务体系的建立。当前山东省经济发展的实践，已对培育中小企业社会化服务体系提出了迫切要求。为此，各级政府应结合本地实际，选准突破口，做好中小企业服务工作。一是认真分析本地区中小企业的需求，有针对性地提出中小企业服务体系建设的发展规划；二是积极探索建立不同层次、不同类型中小企业服务机构的定位、功能、作用以及激励和监督机制，促进中小企业服务体系的健康发展；三是在组织结构上，可坚持政府公共服务机构、专业服务机构和社会中介服务机构同步发展的方针，逐步形成多成分、多形式、多层次、全方位的中小企业服务网络；四是在服务的方式和内容上，提倡紧紧围绕中小企业在创立、生存、发展、退出全过程的需求，开展灵活多样、及时有效的服务。明确服务体系建设的目的在服务，关键在效果。选择服务体系的目的，是在一定范围内探索建立服务体系的政策及相应的方式方法，这并不影响各地在这方面工作的开展和探索。当前应重点抓好以下工作。

1. 大力发展中介组织

中介组织是指依法设立的为中小企业提供各类专业服务的社会

服务组织。在 WTO 框架下，为中小企业提供服务的中介组织，应转变观念，改进服务作风，在核准的业务范围内按照市场化运作的方法，为中小企业提供优质的服务。在目前情况下要做到以下几点。

（1）加大对中小企业服务的支持力度。对已有的中介组织，可采用民办"官"助的形式，对中小企业的服务不分所有制性质、不分国别，只要是在山东地域内，均享受同等的服务；享受政府资助的中介组织尽量做到免费或低收费。

（2）促进中小企业行业性协会的建立，充分发挥行业协会、商会、大专院校、科研机构等作用。目前，可以考虑采取"政府中介型"的模式，由政府牵头组建，采取"扶上马，送一程"的办法，逐步向民间性、自律性过渡。

2. 强化管理培训，提供咨询服务

首先，应建立面向中小企业技术创新的培训体系。培训方式既可以包括办培训班，也可以开办各种讲座和讨论会，并配合发行各种出版物，政府则对这些活动给予一定的资助。其次，应加强企业经营管理诊断。可成立企业经营管理诊断的专门性服务组织，聘请有知识、有经验的研究人员和大学教授，特别是具有丰富实践经验的在职或退休的经营管理者，为中小企业的经营管理提供咨询、诊断和指导，找出经营管理中存在的问题，提出改进办法，促进中小企业提高经营管理水平，提高经济效益。

3. 制定相应的政策法规

要鼓励科技人员创办中小企业技术创新服务机构，大力发展科技咨询服务和技术市场、技术评估、技术经济等各种各样的科技型中小企业技术创新服务。建立科技服务持证上岗制度和机构信誉评级制度，规范服务行为，有效地开展信息服务和计算机运用与信息检索教育、法律服务和法律法规教育、企业咨询和管理教育等。通过中小企业技术创新服务机构综合业务的开展，使中小企业在技术创新中能够得到相应的技术指导和有关方面的释疑解惑。

4. 进一步搞好产学研活动

（1）发挥好中国技术创新山东创新网（即产学研联合网）的作用，使其建成与国内外重点高校、院所，和全省具有一定规模的中小企业联网的成果信息搜集与发布、企业难题招标、科技成果及专家人才推介、技术咨询等完整的产学研信息网络，开展网上产学研联合活动，提高产学研联合的经常化、规范化管理水平。

（2）根据全省中小企业的技术需求，突出重点行业、重点专题，组织有关科技型中小企业与省内外重点院校和科研院所合作，开展针对性强的产学研活动。

（3）培植一批中小企业产学研合作典型，推进全省中小企业产学研合作机制的建设与发展。围绕电子信息、生物工程、新材料三大产业发展以及纳米技术和其他一些共性、关键性技术的推广应用，积极开展全省中小企业的产学研联合，抓好一些高新技术项目的合作，并多层次、多渠道争取资金，扶持这些项目的实施。

（六）推动中小企业集群发展

中小企业集聚理论、区域发展增长极理论和企业群落竞争优势理论都告诉我们：通过中小企业集群发展，会使得集群内部技术领先的中小企业向落后企业溢出技术，降低了集群内中小企业技术创新的风险，提高了集群内中小企业技术创新的速度；同时，由于集群学习和合作，使整个集群技术创新的各要素能够有效联结、互动，形成规模优势和成本优势，从而促进了整个集群知识基础和集群内成员企业技术创新能力的提升。因此，大力推动中小企业集群发展对提升山东中小企业的技术创新能力有着重要的作用和意义。根据山东的实际情况，我们认为目前应做好以下两点。

1. 加快城市化进程，发挥城市的带动作用

加快城市化进程，利用城市的人才、技术密集，基础设施完备等优势推动中小企业集群发展，是提高中小企业技术创新能力的一个重要举措。目前，山东应发挥济南、青岛两个大城市人才荟萃、

经济技术力量雄厚的特点，发挥龙头作用，形成高新技术中小企业群，并向周边中小城市辐射；淄博、东营、滨州、德州、聊城、泰安、莱芜等市，要加强同济南的联系，根据地域特点和产业优势，重点发展石油化工、机械、冶金、建材、纺织、农副产品加工等产业的中小企业群；济宁、临沂、枣庄、日照、菏泽等市地，要充分发挥矿产资源、农业资源丰富的优势，凭借京九铁路、欧亚大陆桥东方桥头堡、日照港等区位和交通的有利条件，加强对外技术交流，形成以化工、机械、建材工业的精度和深度加工为特征的中小企业群；烟台、潍坊、威海等城市，要以外向型经济为突破口，充分利用对外开放的区位优势和良好的经济技术基础，积极参与国际分工，紧跟国内外最新技术动态，重点培植电子、汽车配件、化工、海洋等中小企业产业群，建立高素质的可持续发展的产业聚集带。同时，中小城市和小城镇要根据全省区域发展条件、人口和城镇分布等特点，协调整合动员城镇区域内各类技术创新资源要素，使其互惠互利、互动互促，使中小企业逐步抱块成团，涌现出"一镇一品、一市一业"的具有区域特色的中小企业群，并形成一批具有明显区域创新优势特征的龙头骨干企业——"小型巨人"企业。

2. 加快科技园区的建设和发展

设立科技园区，通过园区内中小企业、大学和研究机构、政府等各个不同的创新行为主体各自高效运作，实现技术、人才和知识等资源在科技园区内的高效集成配置，推动各创新主体人才、信息之间的广泛、多层次的有效互动、交流和合作，进而衍生、孵化和培育中小高新技术企业群，同时促进技术向周边地区传统中小企业的辐射扩散，是提升中小企业技术创新能力的加速器（科技园区对中小企业技术创新能力作用机制见图1—2）。

因此，集聚优势资源，加快中小企业科技园区建设是山东各级政府在提升中小企业技术创新能力时应该重点考虑的问题。在这方面要做的主要工作和注意的问题是：第一，中小企业科技园区要因

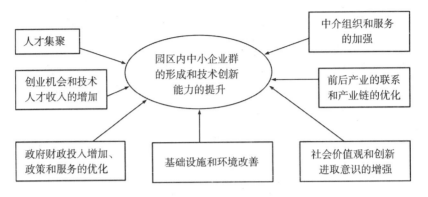

图1—2　科技园区对中小企业技术创新能力作用机制

地制宜，鼓励大学科技园、留学生创业园等不同类型的特色科技园
区的发展，把特色园区建设作为发展的重点。例如，济南高新区的
齐鲁软件园要注重引进国内外软件企业，逐步成为全国软件开发生
产基地；青岛市的科技园区要发挥海洋科技优势，组织海洋科研、
教学单位建设海洋科技园；烟台市要利用 APEC 工业园、中俄高新
技术产业化示范基地等园区，引进国外人才和技术。第二，要努力
为科技园区中小企业提供良好的政策和生活环境。具体体现在较低
的地价、较少的启动资金、优惠的税制、廉价的能源、价格适中的
住宅、高质量的中小学校、优美的环境、便利的公共设施、丰富的
文化娱乐场所，以及拥有法律、金融、专利、工商、进出口等方面
的业务服务等。第三，加强园区内的创业服务中心建设，增强创业
服务中心的孵化功能。要选好创业中心的服务对象，加大创业中心
的投入，把握好创业中心的运作，重点是引导由政府、科研院所、
高校和企业在区内联合建立创业服务中心和重点实验室、中试机
构，使创业中心成为引进人才、孵化技术的基地。第四，园区的发
展要统筹规划，统一管理，配套建设，威海、青岛、烟台等东部地
区科技园区要逐步建成外向型高新技术园区，中部地区科技园区要
逐步建成高新技术产品制造和加工基地，西部地区科技园区要逐步
建成农业高新技术的开发示范基地。逐步在全省的科技园区内建成
一批推进电子信息、生物技术、新材料三大领域中小企业群。

3. 发挥好创业中心的作用

中小企业在创业初期的投入是相当大的。按照现行规定，新成立的企业专利技术等无形资产的比例不能超过35%，由于无形资产抵押贷款很难操作，银行往往不愿意以无形资产作抵押，因此创办企业所需的固定资金和流动资金只有依靠个人储蓄、亲友借款和政府的支持。由于这三种渠道资金有限，所以在目前情况下，对大多数创业者来说很难得到有足够的创业资金。对于有志创办科技型企业，又掌握了专利技术科技人员来说，创业中心是其事业走向成功的首选之地。据美国小企业管理局1991年的资料显示，当时美国小企业创办后的前五年倒闭率高达80%，而在"孵化器"（创业中心）的抚育下，却有80%的企业可以生存发展下去，创业中心有效地解决了中小企业的资金短缺和"短寿"现象。山东省的创业中心已发展为17家，其中国家级创业中心3家。这些创业中心为科技型中小企业的孵化，发挥了重要的作用，在中小企业开发具有自主知识产权的主导产品和核心技术、增强企业发展后劲上发挥了重要作用。今后，山东应进一步发挥创业中心的"科技型企业孵化器"作用，使那些有技术，有新的构想，很想施展自己的才能，但又缺少资金、场地、设备的创业型人才，能把新的科研成果迅速转变成商品，并逐步形成具有一定生存、发展能力的科技型中小企业。具体地说，这方面应做好以下工作。

（1）选好创业中心的服务对象。创业中心的服务对象应主要有以下几种：一是具有自主知识产权、高技术、高附加值，或者具有节能降耗，有利环境保护、出口创汇的高新技术成果、发明以及专利项目，虽然项目未形成企业，但有较好的市场化前景。二是从事《国家高新技术产品目录》所列产品的研究、开发和生产，处于初创阶段的中小企业。三是可商品化、产业化的创新设想和新的构思（创意）。

（2）把握好创业中心的运作。创业中心的主要工作是将科技成果、发明以及专利项目"孵化"成能批量生产的产品。其一般流程为：第一，经科技成果持有人向技术中心申请，创业中心对他们的资格进行审查，审查通过和批准后，进入技术中心。第二，孵化企业进入技术中心后，创业中心以有偿方式向孵化企业提供办公用房，科研试验场地，计算机、复印机，电话等设施。第三，在中心立项后，技术中心应帮助成果持有人聘请有关的专家、学者就此成果的样品进行产品的开发和优化，并对所需的生产工艺及专用设备进行研究开发。在这一阶段中，创业中心必要时可为项目投入一定数量的资金，供研究开发之用。第四，进行中试，这样的中试是以数量最少、品种齐全为原则，建立一条小型生产线，以验证各工序的运行情况及生产过程的标准，为下一步现代化大生产做好准备。第五，在创业中心和有关科技部门的帮助下，寻找风险投资者，建成一个具有现代化内涵的科技型小企业。创业中心下属的是一些正在进行研究开发的项目，这些项目最终有成功的，也有失败的，因此创业中心在对项目进行初期投资时，就存在着一定的风险，创业中心可与"毕业"的企业建立股份关系。

（3）加大创业中心的投入。目前山东省的创业中心大部分在高新技术开发区内，而且数量较少，满足不了加快中小企业发展的需要。今后除了政府加大这方面的投入外，可在投资体制上进一步创新，根据不同的目的，鼓励创办多种形式的创业中心。如可以采取国外一些通行的办法，分类创办创业中心：政府或非营利性组织主办的创业中心，主要目的是应用高技术推动经济发展，实现一些社会发展目标；风险投资资金和一些投资基金组成的创业中心，主要目的是承租企业、新技术应用和转让项目投资，以从中获利；高等院校、科研单位创办的创业中心，主要目的是为了便于教师和科研人员开展研究工作，并为他们提供自己的创业机会。这样通过多种形式、多种渠道创办创业中心，使初创阶段的科技型中小企业在技术、营销、人员培训和管理上得到支持，为其成长创造必要的条件，使其不断发展壮大。

（七）引导中小企业选择有效的技术创新模式

中小企业进行技术创新时，总要选择一定的技术创新模式，模式不同，技术创新的投入、风险、效率等也不同。因此，山东各级政府都应根据当地实际情况，加强对中小企业技术创新模式选择的引导，特别是要鼓励中介组织和行业协会对中小企业技术创新模式选择提供咨询服务，使中小企业都能够根据各自所处地域的科技与经济发展环境和企业内部技术基础，选择有效的技术创新模式进行技术创新活动。目前，可供山东中小企业选择的技术创新模式依次有以下几种。

1. 模仿创新模式

模仿创新是指中小企业通过学习模仿领先创新者的创新思想和创新行为，在剖析和破译新技术的情况下，掌握领先者的设计、工艺制造原理，并投入力量加以研究开发，生产出富于竞争力的产品并实现市场价值的创新行为。采用这种模式，R&D 活动投资相对较少，而且可以减少研究开发探索的风险，通过吸取他人的成功经验、教训和技术成果，逐步积累自己的技术能力，提高自身的技术创新能力。从课题组这次对山东中小企业的创新能力的调查来看，目前山东多数中小企业技术创新的资金短缺、人才匮乏、实验和设备手段相对落后、抗风险能力差。因此，模仿创新模式是许多中小企业首选的技术创新模式。

模仿创新的大致途径是：第一，对市场上现有的同类产品进行全面调查，综合分析每种产品的性能、质量、款式、设计等因素，通过比较的方法，选定出最好的模仿对象；第二，综合分析所选定的模仿创新对象对于本企业是否是切实可行的，本企业在技术、财力、人力、物力上是否能够保证模仿创新的需要；第三，对广大消费者或用户进行广泛的调查，听取他们对此类产品的意见，为模仿创新提供依据；第四，对国内外专利文献进行查阅，了解国际市场上此类产品的状况、动态和技术信息，汲取有价值的内容；第五，具体实施模仿创新开发。

中小企业在采取模仿创新模式时，必须注意以下几个具体问题。

（1）模仿不要单纯地照搬照抄，而必须根据市场需求吸收技术精华，不断进行改进和创新。

（2）要注意把握好模仿创新启动的时机。既要注意行动过早技术壁垒强、市场风险大等问题，也要克服行动过晚创新改动空间小、市场饱和的风险。一般而言，从产品寿命周期来分析，模仿者在产品成长期导入比较合适。

（3）技术模仿必须在法律的规范下进行，避免陷入知识产权陷阱。

（4）在采取模仿创新的整个过程中，要把提高中小企业自身的技术创新能力当作"第一要务"，把模仿作为手段，把创新作为目的和内容。

2. 技术引进模式

技术引进能有效缩短企业技术开发周期和技术差距，减少开发成本，争取时间，是迅速提高企业技术能力的一条捷径。山东技术引进的状况相对较差，2001 年引进技术合同金额比全国的平均数还低 67%，应抓住发达国家制造业向中国大举转移的机遇，充分利用我省劳动力资源丰富的优势，创造条件引进关键技术。目前，就我省大多数中小企业而言，引进技术的重点是中间技术①、适用技术②和为解决特殊的技术问题而设计的专

---

① 中间技术是舒马赫在 1963 年首先提出的，它是指介于发展中国家本地技术和发达国家技术之间的技术。中间技术与发展中的本地技术相比，生产率高得多，与现代工业的资本密集的高级技术相比又便宜得多。舒马赫指出，中间技术的发展意味着真正向新的领域推进，在这个新领域中避免了因节省劳动力、取消工种而需要的巨大费用和复杂的生产方法，并且使技术适合于劳动力过剩的社会。中间技术最终将是劳动密集型的，适合中小企业采用。

② 适用技术是 1975 年由印度学者考雷迪首先做出系统阐述的。适用技术主要强调引进技术要适合本国（本地区）所具备的生产要素的条件、市场容量、社会文化环境、当前的技术水平，同时强调引进技术需要本国（本地区）进行研究与开发活动相配合。

门设计技术。在引进技术的过程中一定要进行认真的调查研究,既要研究所引进技术的现状,也要研究该技术领域的国外发展轨迹、发展动向、发展速度;同时,还要使引进技术适应我省的省情和企业的实际情况,立足于实用和实效,把有限的资金用在最有效用的地方。

特别值得注意的是,中小企业在技术引进过程中,要注重技术引进方式的转变,健全技术与设备的引进消化机制:首先,引进技术应从成套设备、从重"硬件",转向关键设备、重"软件"为主,同时要特别注意引进相关的管理和人才,下大力气做好先进技术和关键设备引进后的消化、吸收、改造、创新工作。其次,要从购置型引进转向参与型引进,在合作中求得自己技术创新能力的发展,做到引进一个项目,带来一项新技术,创造一个名牌产品,培养一批人才,使企业技术引进的过程成为技术创新能力不断提升的过程。

3. 联合创新模式

联合创新模式是指中小企业在平等互利的基础上,与外部组织结成较为紧密的联系,互相取长补短,共同开发创新,从而提升自身技术创新能力的一种模式。采用联合创新模式的中小企业,可以更有效地利用有限的资金和技术力量,克服企业自身无法克服的困难和危机。从山东中小企业的实际看,可采取以下几种联合创新形式。

(1)企业间的联合创新。中小企业可采取以行业为依托的中小企业间联合方式或与大企业共同开发等形式。以行业为依托的联合创新是利用本行业的资料、人才、技术等优势,组成技术开发小组,以合同形式明确规定各方的权利和义务,进行项目开发。这种创新一般适于开发产品(或项目)使用范围行业性强或某方面的技术人才集中在某一部门。中小企业与大企业合作创新方式是中小企业利用分工协作的优势,利用大企业在科技、设备、资金等方面的帮助,开发新产品、新技术。这样,即使大企业利用中小企业分工与协作，摆脱了"大而全"的生产体制的桎梏，也在客观上为中小企业长期的创新和发展提供了可靠的基础和生存空间。

（2）产学研联合创新。是指中小企业与大学、科研机构合作创新。高等院校、科研机构一般都具有较强的研究开发能力，但通常缺乏试制、生产和销售能力，如果中小企业能够与高等院校、科研机构联合起来，搞合作创新，就会降低创新风险，形成优势互补、共同发展的局面。合作的内容可以包括合作研究开发、技术转让、共建基地或新企业等形式。

中小企业采取产学研合作创新战略模式，往往会带来"双赢"效果。一方面有助于中小企业借助高等院校、科研机构雄厚的科研力量，提高技术创新水平；另一方面也有助于高校、科研机构科技成果转化率的提高。

4. 自主创新模式

模仿创新模式和引进技术创新模式，虽然也能达到"站在别人肩上摘星星"这样的超越式技术创新效果，但却很难取得并确立知识产权排他性竞争优势，特别是很难在国际市场占据有利地位，不利于积蓄企业"知识资本"，获取"知识暴利"。因此，当中小企业的技术创新能力达到一定程度后，则应把主要精力集中到独立创造发明上，从增强企业自主创新能力出发，重视原创性、独创性技术创新，打造企业核心竞争力。目前，山东有条件的科技型中小企业，要积极强化企业研究开发机构的作用，建立自己的独立研究、创造发明体系，加大技术研究和开发资金的投入，研发拥有自主知识产权的原创性、独创性技术创新成果，不断提升技术创新能力，逐步发展成为山东技术创新的排头兵。

中小企业在采取自主创新模式时，不仅要有周密的技术创新计划，注意提高 R&D 资金的使用效益，还要注意采取有效措施，强化核心技术的安全保护意识，同时，在条件成熟后，要巧妙地将科技成果有偿转让，为进一步创新获得必要的资金支持。

（八）挖掘和提升中小企业内部技术创新的活力

"唯物辩证法认为外因是变化的条件，内因是变化的依据，外因通过内因而起作用。"① 中小企业技术创新能力的提高，创新的环境有着不可替代的重要作用，但归根结底，还是要充分发挥中小企业内部的创新活力。根据山东的实际情况，目前就中小企业内部而言应做好以下工作。

1. 合理地定位技术创新战略

中小企业在技术创新中，合理地选择和定位技术创新战略对中小企业技术创新的成败和技术创新能力的提升具有重要的意义。一般而言，企业的技术创新战略有领先创新战略、紧跟创新战略和跟随创新战略三种。领先创新战略是指企业的技术创新定位在领先于其他企业而首次将科技成果市场化，并获得相应的技术回报。紧跟创新战略是指企业的技术创新定位在积极学习领先者的创新成果和创新行为，并在此基础上加以不同程度的改进或创造，获取市场回报的创新战略。跟随创新战略属于低水平的区域性的技术创新，它往往是通过破译领先者或紧跟者的创新成果，采用模仿等手段进行技术创新的。中小企业在技术创新战略的选择和定位时，因充分考虑本企业的经济实力、技术能力、创新的目标、与企业相关产品的关联程度等因素。对于经济实力和技术能力等技术创新要素较强的企业，可以将技术创新战略定位在领先或紧跟型创新战略。目前山东大多数中小企业不具备领先或紧跟型创新战略的条件，这些企业主要应定位于跟随型战略，随着企业的持续创新和技术能力的增强，在向紧跟型和领先型演进。不同时期，中小企业技术创新能力提升的学习准备、技术获取的渠道大致如表1—18所示。

---

① 《毛泽东选集》第一卷，人民出版社 1991 年版，第 302 页。

表 1—18　　　不同时期培养中小企业技术创新能力的模式

时　期	第一阶段	第二阶段	第三阶段	第四阶段
学习准备时期	挖走有经验人员；研究文献；派人员外出考察	研究文献；派人员外出考察；引进外国人员	研究文献；派人员外出考察	挖走科学家；研究文献
获取	成套技术转让；引进外国人员	非成套技术转让	非成套技术转让	通过研究获取；海外的研究与开发；移居国外的侨民
吸收消化	干中学	干中学	干中学	在研究中学习
改进/应用	干中学	干中学	干中学	在研究中学习

参见［韩］金麟洙：《从模仿到创新》，新华出版社1998年版，第236页。

2. 形成完善的激励机制，激发技术创新人员的主动性和创造性

完善的激励机制是激发技术创新人员的主动性和创造性的重要因素。对中小企业技术创新人员来说，薪金是衡量自我价值的一种尺度，高出市场平均价的薪金，哪怕只有一点点，亦会让他们感到企业对他们的器重，因此中小企业应舍得投入。为了充分调动科技人员的积极性，中小企业还可通过多种形式支付科技人员的报酬，可实行报酬与效益挂钩的工资和奖励制度，把技术创新效益和风险与工资、年薪等挂钩；可与科技人员签订技术承包协议，按协议支付报酬；可从技术开发、技术转让、技术服务的收入中，提取一定比例分配给科技人员；可从单位拥有的技术股份中提取一定比例划给做出贡献的科技人员；重大贡献重奖等在内的体现市场经济要求、多种激励方式并存的分配体系。

还需要指出的是，知识产权保护也是与人才激励机制密切相关的重要问题。因此，中小企业必须建立起有效的知识产权保护机制，保证知识资本投资的高收益，鼓励更多的创新与发明，发挥研究开发人员对企业发展的巨大作用。应鼓励科技成果拥有者将专利技术、非专利技术作价，作为有限责任公司或股份有限公司股份入股，技术出资者成为公司股东，相应的科技成果形成公司的法人财产。技术股东与其他股东具有同等的法律地位，按所持股份享有资产收益、重大决策和选择管理者等权利，并对公司承担有限责任。

3. 建立技术创新的信息收集、选择、贮存与激活机制

对技术创新的有关信息进行及时收集、选择、贮存，在需用时有效地进行激活，是中小企业技术创新能力提升的一项重要举措。为此，有条件的中小企业应建立技术创新的信息收集、选择、贮存与激活机制。

（1）建立企业内部技术知识的选择机制。一般而言，中小企业在技术选择时，应对所处区域技术基础设施和科技环境进行认真的分析，在认清自身所处环境的基础上，对不同技术选择做成本、利润分析，不仅要对技术选择的短期成本效益状况分析评价，而且要就该技术的长远发展进行考察，使技术选择与技术发展的趋势相匹配。

由于知识转化为现实竞争力有一个时间滞后效应，中小企业为了实现技术变革，就必须对知识进行储存，但企业为了把知识储存起来以留为后用，就得花费一定成本。为此，中小企业就得建立企业内部的知识选择机制。首先，中小企业应该利用丰富的媒介对各种知识作分析，以降低知识在将来的战略价值上的模糊性，运用正式的决策计划，或会谈讨论相互交换看法，对储备技术的选择做出决策。其次，中小企业要尽可能多地收集信息，以降低知识的不确定性。当然，在储存知识的选择上还要受决策者风险的考虑。根据决策者对知识在将来的战略价值的考虑，可把知识分为三类：明确值得保存的知识、明确不值得保存的知识、需要更多信息以判断是否保存的不确定知识。最后，分析每一知识的系统属性。知识的独立性越强，就越不需要获取有关别的知识信息来做决策；相反，知

识的系统性越强，作决策时所需要的信息量就越大。

（2）实现技术知识储存与积累的持续增长。中小企业的技术创新活动中，由于不同知识面发展速度的不一致，有的知识面发展速度落后于其他知识面，就出现知识发展的瓶颈，知识的成长是不同知识面在不同时点领先或落后的"强迫过程"，作为领先的知识面必须被储备保存。对技术知识储存的考虑，最重要的是要让中小企业的技术人员和决策者认识到合理的技术保存的必要性。因此，一个具备变革能力的中小企业，应具有这么一种文化，认为技术开发是创造知识和使用知识的结合，而不单单是前者。这样，通过剔除不值得保存的知识，储存值得保存的知识，实现技术知识的持续积累。

（3）把握好技术知识的激活与综合。储备技术对中小企业发展的战略意义就在于：对知识库内原有技术的激活，充分利用企业储存资源，最大限度地实现内在资源的经济效益。当企业在创新活动中需要使用知识时，必须把存贮在知识库内的知识变为激活状态。这个过程需要通过企业及员工的学习过程来完成。技术积累增长的根本源泉是组织学习，但企业作为一个有机整体，是由个体组成的，个体通过在生产和创新实践活动中学习和训练，产生新的知识（缄默知识），同时把外部信息和知识内化到企业的知识体系中。中小企业技术知识的激活和综合，不是一个容易的或自动的过程，这个过程表现在企业技术创新过程中，也有相对应的两种情况：第一种是企业单纯地、全部地依靠自身的技术积累，从而实现技术创新；第二种是采取不同企业或组织之间知识的"杂交"和积累，实现技术创新。当然，前一种形式对企业技术创新能力的提高效果更好，但随着科技的迅速发展，一个企业要掌握某一领域的全部最新技术，并单纯依靠自己的力量实现重大创新已经不可能了，而真正大量存在的情况是第二种方式，即通过知识的积累、交叉和激活，在一定条件下实现技术创新，从而提升技术创新能力。

4. 把握好新产品的开发方向

中小企业应注重发挥自己独特的"小而专"、"小而特"优势，根据自身的市场地位和实际技术开发能力，研究确定新产品的开发方向。一般而言，一是要选择市场规模小、品种少、避免与大企业竞争的产品进行技术创新开发；二是要选择应用性技术进行创新开发新产品，以减少开发研制费用。在新产品开发中，要特别注意用新的眼光、新的角度分析产品的特点和功能，利用企业原有的产品、原有的技术、原有的工艺和原材料，开发或升级本企业的产品，达到技术创新的目的。同时，为了保证企业取得较强的竞争优势，要创造条件把高新技术产品为重点，选择比较优势行业或产品，实施重点突破。按照山东高新技术产业发展目录，目前可供选择的高新技术产品开发方向有。

（1）生物技术及制药类。重点发展微生物农药、微生物酶制剂、新型合成药物、天然动植物提取药物、海洋生物食用蛋白及海洋生物制品。

（2）新材料类。重点开发生产碳纤维系列制品、高性能锰锌铁氧体磁粉、磁件和钕铁硼稀土永磁体、UPVC 管材管件等产品，大力开发钢铁陶瓷复合管、铝塑复合管、碳塑复合材料，新型有机高分子材料和新型化学建材。

（3）新能源类。重点开发生产高效太阳能真空极热管和太阳能热水器、太阳能空调器、太阳能海水淡化装置等，镍氢绿色电池及环保节能新能源。

（4）机电一体化类。重点开发智能化控制系统、仪器仪表和关键设备零部件。

（5）精细化工类。重点开发生产医药中间体、染料中间体、子午胎助剂和各种阻燃剂。

（6）节能环保类。重点开发资源综合利用及节能技术设备和以污水、废气、固体废弃物处理为主的环保产品。

5. 为研究开发人员营造良好和谐的成长环境

从事技术创新的研究开发人员更多的是从事的创造性工作，不同于体力劳动，也不同于行政性和操作性的白领工作，而是依靠自己的知识和灵感，推动产品和工艺的创新。他们往往具有以下几个方面的性格特点：一是有较强的自主意识。由于研究开发人员拥有企业生产手段意义上的知识，具有某种特殊技能，依仗这种保障，他们往往更倾向于一个自主的工作环境，喜欢更具张力的工作安排，更强调工作中的自我引导，对各种可能性做着最大的尝试，不愿俯首听命，任人驾驭。二是有独立的价值观。与一般员工相比，研究开发人员更有一种表现自己的强烈欲望。他们心目中往往有非常明确的奋斗目标，他们到企业工作，常常并不仅仅为了挣得工资，而是有着发挥自己专长、成就事业的追求，他们更在意自身价值的实现，并期望得到社会的认可。三是流动意愿强。出于对自己职业感觉和发展前景的强烈追求，研究开发人员的流动已成为科技型中小企业的普遍现象。

由于研究开发人员上述特点，中小企业在对研究开发人员的工作安排上，应根据研究开发人员的特点注意考虑研究开发人员的个人意愿，充分体现研究开发人员的价值，尽可能为其创造一个既安全、舒畅、相互尊重又和谐的工作环境。首先，要为其提供富有挑战性的发展机会，在不断扩大工作范围，丰富工作内容的同时，逐步实行弹性工作制，加大工作时间的可伸缩性和工作地点的灵活性，使管理方式更为多元化、人性化、柔性化；其次，在中小企业内部建立公平、公开、透明的机制，让所有员工在既定的、大家认同的规则面前，公平、公开地竞争，在充分的发展空间内优胜劣汰；第三，还要建立健全有利于人际沟通的联系制度，建立以团队友谊为重点的企业风格和企业文化，提倡管理者与研究开发人员之间的双向沟通，靠理解和尊重，靠高尚的人格和互动的心灵建立管理者和研究开发人员之间的关系，并通过这种心灵沟通和感情认可的方式，使研究开发人员觉得工作本身就是一种享受，主动发挥其潜在的积极性与创造性，愿意为之献身；最后，还要健全研究开发人员的培养机制，为研究开发人员提供学习、培训机会，使其知识不断更新，并能够随企业的成长获得公平的职位升迁，或是创造新事业的机会；让他们能够清楚地看到自己在组织中的发展前途，使之与组织形成长期合作、荣辱与共的伙伴关系，尽心尽力地为企业贡献自己的力量。

6. 强化技术创新的科学管理机制

实行科学管理是中小企业改善技术创新环境、提高技术创新效益和提升技术创新能力的一个重要因素。因此，必须致力于现代企业制度的建立，改革传统企业组织制度，在经营战略、观念、组织、管理等方面进行变革和创新，对企业的生产要素、组织结构等进行调整。特别要加强对信息和知识的管理，加强技术开发网络和知识信息网络的建设，使企业技术创新朝着网络化、信息化、现代化的方向发展。第一，要加强对技术创新项目的全过程管理，建立健全重点项目专家评估系统，提高决策水平；第二，引入竞争机制，通过招标等形式，择优选择技术创新方案与项目开发单位；第三，加强项目合同履行的监督和检测评估工作，确保开发项目的质量和水平；第四，把科研成果、产品成果、商品成果三个环节紧密结合起来，不仅要使科研成果迅速投产，还要生产出合格产品，开发市场，使其成为商品成果，实现经济效益。

参考文献和资料

（1）光盘国家工程研究中心：《中国学术期刊专题文献数据库（光盘版）1997—2002 年》，中国学术期刊（光盘版）电子杂志社。

（2）胡大立：《企业竞争论》，经济管理出版社 2001 年版。

（3）陆立军：《科技型中小企业与区域产业竞争力》，中国经济出版社 2002 年版。

（4）柳玉林等：《中国科技发展研究报告》，经济管理出版社 2003 年版。

（5）［美］迈克尔·波特：《竞争论》，中信出版社 2003 年版。

（6）刘东、杜占元：《中小企业与技术创新》，社会科学文献出版社 1998 年版。

（7）曹远征等：《中国竞争力发展报告》，中国人民大学出版社 1999 年版。

（8）山东省科学技术厅：《山东省科学技术发展年度报告》，山东科学技术出版社 2002 年版。

（9）周继忠：《科学技术创新与管理》，经济科学出版社 2002 年版。

（10）李正风等：《中国创新系统研究》，山东教育出版社 2001 年版。

（11）冯之浚：《国家创新系统研究纲要》，山东教育出版社 2000 年版。

（12）赵彦云等：《中国国际竞争力发展报告》，中国人民大学出版社 2001 年版。

（13）柯林·拜罗：《中小企业财务管理——发展中的控制》，宇航出版社 1999 年版。

（14）陈乃醒：《中小企业经营与发展》，经济管理出版社 1999 年版。

（15）林书香等：《新世纪初的发展蓝图》，中国社会科学出版社 2001 年版。

（16）钟坚：《世界硅谷模式的制度分析》，中国社会科学出版社 2001 年版。

（17）文新三等：《加入 WTO 后山东中小企业发展研究》，山东大学出版社 2002 年版。

（18）陈清泰：《国企改革攻坚 15 题》，中国经济出版社 1999 年版。

（19）丛林：《技术进步与区域经济发展》，西南财经大学出版社 2002 年版。

（20）刘克逸：《德国、日本的中小企业政策及对我国的启示》，《世界经济文汇》1999 年第 3 期。

（21）胡显章：《国家创新系统的学术评价》，山东教育出版社 2000 年版。

（22）魏江：《技术创新能力论》，科学出版社 2002 年版。

（23）孙一民：《现代技术创新》，山西经济出版社 1998 年版。

（24）俞仁龙等：《适者生存》，湖南大学出版社 2001 年版。

（25）陈国宏：《经济全球化与我国的技术发展战略》，经济科学出版社 2002 年版。

（26）许仁忠：《模糊数学在经济管理中的应用》，西南财经大学出版社 1987 年版。

（27）林汉川等：《中小企业发展与创新》，上海财经大学出版社 2001 年版。

（28）林汉川：《WTO 与中小企业转型升级》，经济管理出版社 2002 年版。

（29）周立群等：《中小企业改革发展研究》，人民出版社 2001 年版。

（30）陈乃醒：《中国中小企业发展与预测》，民主与建设出版社 2001 年版。

山东省中小企业技术创新能力
调查样本企业名录

1. 济南东风制药厂有限公司
2. 济南高新开发区京鲁生物技术研究开发中心
3. 山东润华药业有限公司
4. 济南诚创医药开发有限公司
5. 山东华孟集团有限责任公司
6. 山东亚视集团
7. 曲阜市天昊化工助剂有限公司
8. 济南宏济堂制药有限责任公司
9. 山东天成机械有限公司
10. 青岛华龙达家纺有限公司
11. 山东省莒县华颛丝绸有限公司
12. 莒南县锦茂丝绸有限责任公司
13. 青岛五洲食品有限责任公司
14. 莱西海星实业有限责任公司
15. 青岛九联集团股份有限公司
16. 莱西市碳素制品厂
17. 青岛方圆实业总公司
18. 青岛好兄弟制衣有限责任公司
19. 青岛百盛包装容器有限责任公司

20. 青岛电池材料有限责任公司

21. 青岛赛元天然物产公司

22. 青岛三美立股份有限公司

23. 青岛宝波建设机械有限责任公司

24. 莱西市电热电器厂

25. 莱芜市蓝星化工有限公司

26. 莱芜市汶河化工有限公司

27. 潍坊开发区华为电器有限公司

28. 潍坊三木门窗有限责任公司

29. 潍坊第三纺织机械厂

30. 潍坊荣泰纺织有限责任公司

31. 潍坊恒德纸业有限责任公司

32. 潍坊中维齿轮箱有限责任公司

33. 潍坊华润不锈钢管股份有限公司

34. 潍坊寒亭区医药化工厂

35. 潍坊海天盐业有限责任公司

36. 潍坊金河食品有限责任公司

37. 淄博市临淄塑胶厂

38. 淄博鲁元电子有限公司

39. 山东恒星集团股份有限公司

40. 山东光明钨钼股份有限公司

41. 淄博电焊条厂

42. 山东鲁宝冶金股份有限公司

43. 淄博社会福利泡花碱厂

44. 山东宏信化工股份有限公司

45. 淄博多星集团

46. 淄博电子元件厂

47. 雄鹰锦被股份有限公司

48. 泰安市科瑞光学仪器有限公司

49. 泰安市中天电子有限公司

50. 山东瑞星化学工业公司

51. 山东锦纶有限公司

52. 东平唐龙酒业有限责任公司

53. 山东东平工具总厂

54. 东平光大油脂厂

55. 东平光源热电有限责任公司

56. 东平大麻纺织总厂

57. 东平金利建材工业公司

58. 东平花键轴厂

59. 东平华闻纸业公司

60. 禹城福田药业有限责任公司

61. 济南金钟电子衡器股份有限公司

62. 禹城东方集团总公司

63. 山东禹城棉纺织厂

64. 山东禹王实业有限责任公司

65. 山东禹城通裕集团

66. 禹城兴达建材有限责任公司

67. 山东保龄宝生物技术有限责任公司

68. 山东贺友集团

69. 禹城龙凤鸡业公司

70. 济南试金集团有限责任公司

71. 蓬莱三菱制锁有限责任公司

72. 蓬莱华生电子有限责任公司

73. 蓬莱市精细化工研究所

74. 山东京蓬药业有限责任公司

75. 蓬泰股份有限责任公司

76. 小鸭集团蓬莱洗涤设备厂

77. 蓬莱福鑫橡塑制品有限责任公司

78. 蓬莱动力机械配件厂

79. 蓬莱广大树脂有限责任公司

80. 莱州晟鼎股份有限公司

81. 山东雪圣科技股份有限公司

82. 山东天承生物金业股份有限公司

83. 莱州华汽机械有限公司

84. 山东弘宇机械有限公司

85. 莱州金仓矿业有限公司

86. 莱州华银试验仪器有限公司

87. 山东莱州鲁丽丝毛巾有限公司

88. 莱州市盐业集团有限责任公司化工厂

89. 莱州市誉鑫碘盐厂

90. 山东金洲矿业集团有限公司

91. 烟台百斯特炉管厂

92. 烟台市工业炉厂

93. 山东省阳谷县万安保温建材厂

94. 冠县冠宇塑窗型材有限公司

95. 山东高唐化工总厂

96. 冠县冠丰种业有限责任公司

97. 东阿县阿胶系列产品开发公司

98. 山东硅苑新材料科技股份有限公司

99. 山东临清迅力特种汽车有限公司

100. 山东东阿钢球有限责任公司

101. 山东锦冠丝业有限责任公司

102. 怡康糖业有限责任公司

103. 华中琥珀啤酒有限责任公司

104. 山东西王集团

105. 山东会仙药业集团有限公司

106. 山东阳信县绿环降解塑料有限公司

107. 威海市孙家砼建筑工程公司

108. 邹平县热电厂

109. 山东碧云洞酒水有限责任公司

110. 山东豪盛耐火材料厂

111. 长星机器厂

112. 齐苑化工有限责任公司

113. 山东省沾化县渤海化工有限公司

114. 山东省无棣珍贝瓷业有限公司

115. 山东省滨州港友发水产公司

116. 无棣县生物工程有限公司

117. 山东省阳信县绿环降解塑料有限责任公司

118. 沾化县渤海化工有限公司

119. 滨州秦台农牧开发有限公司

120. 滨州市良友防水材料有限公司

121. 山东莱芜塑料制品股份有限公司

122. 莱芜环亚凸轮轴有限责任公司

123. 山东泰山钢铁有限责任公司

124. 山东华冠集团总公司

125. 威海利丰纺织品有限公司

126. 文登市华龙绣品有限公司

127. 威海华龙家纺有限公司

128. 天润曲轴有限公司

129. 文登市鸣星化工厂

130. 山东省艺达有限公司

131. 威海市艺源绣业（集团）有限公司

132. 山东云龙集团公司

133. 申威药业有限公司

134. 威海华联电子霓虹灯厂

135. 威海市百兴四氟制品有限公司

136. 菏泽鲁峰电池科技有限公司

137. 威海市强力玩具有限公司

138. 乳山市首饰厂

139. 山东笙歌公司

140. 乳山市谷山电机有限公司

141. 荣成市宇翔实业有限公司

142. 乳山工艺品工业公司

143. 乳山东海活塞环有限公司

144. 乳山华美淀粉制品有限公司

145. 乳山造船厂

146. 烟台三环集团乳山双连有限公司

147. 威海华联集团印刷厂

148. 威海华联商用设备厂

149. 威海市环翠区一轻房地产开发公司

150. 威海市海梁链条厂

151. 威海福源聚氨酯工业有限公司

152. 威海金马笔业有限公司

153. 威海市环翠区黄金工业公司

154. 威海市笔厂

155. 威海北海水产开发公司

156. 威海金洋造船有限公司

157. 威海银球渔具有限公司

158. 威海市海璇流器有限公司

159. 威海金泓化工有限公司

160. 山东双轮集团股份有限公司

161. 威海克莱特风机有限公司

162. 山东新北洋信息技术股份有限公司

163. 三角轮胎股份有限公司

164. 威海市试验机制造有限公司

165. 威海印刷机械有限公司

166. 威海市金猴集团有限责任公司

167. 文登市文峰塑料建材公司

168. 山东富豪皮革公司

169. 乳山市水利机械厂

170. 乳山市曙光啤酒有限公司

171. 乳山石大业金矿

172. 乳山威美食品有限责任公司

173. 威海鑫山冶金有限公司

174. 华隆（乳山）食品工业公司

175. 文登市益利新型建材有限公司

176. 文登市三峰轮胎有限公司

177. 山东万得集团有限公司

178. 文登市刃具厂

179. 山东升力机械股份有限公司

180. 文登市第二橡胶厂

181. 山东单县化工有限公司

182. 文登威力工具集团公司

183. 文登市电机厂

184. 荣成市黄海离合器有限公司

185. 荣成市盛程服装有限公司

186. 青岛啤酒（荣成）有限公司

187. 山东凯丽纸业股份有限公司

188. 山东达因海洋生物制药有限公司

189. 荣成市海天制衣厂

190. 荣成市渔网绳索总厂

191. 荣成市制鞋总厂

192. 荣成市城建开发有限公司

193. 荣成市工艺文具厂

194. 荣成市锻压机床有限公司

195. 荣成市印刷厂有限公司

196. 荣成市住宅开发有限公司

197. 荣成金运实业有限公司

198. 金泰轴承制造有限公司

199. 威海广泰空港设备股份有限公司

山东省中小企业技术创新能力调查问卷

表一   **企业概况与技术创新环境调查表**

企业名称：   填表时间：2003 年 1 月   日

<table>
<tr>
<td rowspan="6">企业基本情况</td>
<td>1. 所有制性质</td>
<td></td>
<td colspan="2">4. 总资产（万元）</td>
<td></td>
<td></td>
</tr>
<tr>
<td>2. 提供产品的性质或所属行业</td>
<td></td>
<td colspan="2">5. 2002 年销售收入（万元）</td>
<td></td>
<td></td>
</tr>
<tr>
<td>3. 注册资金（万元）</td>
<td></td>
<td colspan="2">6. 2002 年技术创新产品销售额占企业总销售额的比例</td>
<td></td>
<td></td>
</tr>
<tr>
<td>7. 企业组织形式（在适合的选项下打"√"，下同）</td>
<td colspan="2">股份有限公司□
有限责任公司□ 独资□ 合伙□ 其他□</td>
<td>8. 企业拥有的专利数量（项）</td>
<td colspan="2"></td>
</tr>
<tr>
<td>9. 是否制订了技术创新的战略或计划</td>
<td colspan="2">有□ 领导有想法但没形成文字材料□ 否□</td>
<td>10. 是否被政府认定为科技型中小企业</td>
<td colspan="2">是□
否□</td>
</tr>
<tr>
<td rowspan="8">人员状况</td>
<td>1. 企业职工总人数</td>
<td colspan="5">5. 2002 年参加技术培训的职工人数</td>
</tr>
<tr>
<td>2. 平均年龄</td>
<td colspan="5">6. 2002 年新增大专以上学历职工</td>
</tr>
<tr>
<td>3. 大专以上学历人数</td>
<td colspan="5">7. 2002 年调出大专以上职工</td>
</tr>
<tr>
<td>4. 专职从事研究开发的人员人数</td>
<td colspan="5">8. 大专以上学历人员在本企业的平均工作年限</td>
</tr>
</table>

人员状况	9. 企业研究与开发人员的获取状况	很容易得到 □ 较容易得到 □ 较难得到 □ 根本得不到 □
	10. 所需技术创新人员素质、资历与实际工作的吻合程度	好 □ 较好 □ 一般 □ 差 □ 很差 □
	11. 技术创新人员对企业给予的待遇、创新环境评价	好 □ 较好 □ 一般 □ 差 □ 很差 □
技术创新的环境状况	1. 政府的服务	好 □ 较好 □ 一般 □ 差 □ 很差 □
	2. 行业组织的服务	好 □ 较好 □ 一般 □ 差 □ 很差 □
	3. 技术创新银行贷款	较容易得到 □ 有但很难得到 □ 没有 □
	4. 是否得到担保公司的担保	经常得到 □ 得到过 □ 没有 □
	5. 科技部门对企业的支持	好 □ 较好 □ 一般□ 差 □ 很差 □
	6. 技术市场竞争秩序	好 □ 较好 □ 一般□ 差 □ 很差 □
	7. 企业间的技术合作	好 □ 较好 □ 一般□ 差 □ 很差 □
	8. 与科研院所、高校的技术合作	好 □ 较好 □ 一般□ 差 □ 很差 □
	9. 技术市场联系渠道	好 □ 较好 □ 一般□ 差 □ 很差 □
	10. 产权等体制状况	好 □ 较好 □ 一般□ 差 □ 很差 □
	11. 中介组织的服务（各种事务所、服务中心）	好 □ 较好 □ 一般□ 差 □ 很差 □
	12. 其他应说明的问题	

表二 **企业技术创新状况调查表**

一、技术创新项目名称	
二、技术创新主要技术源（在适合的选项下打"√"，下同）	1. 本企业自主开发 □　2. 与科研机构和高等院校合作 □　3. 引进先进的技术和装备 □　4. 通过同国外企业合资 □　5. 购买国内专利 □ 6. 购买国外专利 □　7. 其他 □
三、项目开发周期（年）	
四、是否有独立的研究开发机构	1. 有 □　2. 没有 □
五、技术创新种类（可多项选择）	1. 取代老产品 □　2. 改善现有产品 □　3. 改进工艺增加生产能力 □　4. 改进工艺降低成本 □ 5. 改进工艺改善工作条件 □　6. 改进工艺减少环境污染 □
六、研究开发的形式	1. 成立专门的研究开发机构 □　2. 组成攻关小组 □　3. 由外聘科研人员指导 □
七、支撑创新的技术（可多项选择）	1. 采用新材料 □　2. 采用新的中间产品 □ 3. 现有产品增加新功能 □　4. 采用新的生产技术 □　5. 采用自动化的生产设备 □　6. 采用新的管理方法或组织形式 □
八、技术创新设备状况	1. 目前世界领先水平 □　2. 90 年代水平 □　3. 80 年代水平 □　4. 70 年代水平 □　5. 其他 □

九、研究与开发费用投入（万元）	政府投入（包括贴息）	2002 年	2001 年	2000 年	1999 年
	企业投入	2002 年	2001 年	2000 年	1999 年

十、技术创新的主要障碍（可多项选择）	1. 风险大 □　2. 缺乏资金 □　3. 研究开发能力不足 □　4. 人员素质差 □　5. 信息缺乏 □ 6. 易被模仿假冒 □　7. 其他
十一、对技术创新人员奖励采取的方法	

续表

十二、享受过的财政补助金额和税收优惠政策	
十三、当前企业技术创新的主要难题	
十四、对国家和我省技术创新扶持政策实施情况的看法和希望	
十五、其他需要说明的问题和要求	

注：（1）如果企业有多个技术创新项目，请复制此表分别进行填列。

（2）填好后请寄山东社会科学院科研组织处袁红英同志收，邮政编码250002，联系电话0531-2704531，传真0531-2704534，E-mail：QYY6288@beelink.com。

第二部分　外国政府提升中小企业技术创新能力的政策措施研究

近年来，随着科技进步和社会分工的发展，中小企业在各国技术创新体系中发挥的作用日益重要，对各国技术创新的贡献越来越大，成为各国创新体系的重要组成部分。世界各国，特别是西方各国政府充分认识到中小企业的技术创新在各国经济增长和竞争力提升中的重要作用，纷纷采取措施构建扶持中小企业的政策体系，创造有利于中小企业技术创新的良好的社会环境，甚至直接投资支持中小企业的技术创新活动，提升中小企业技术创新能力①。"他山之石，可以攻玉"，外国政府特别是发达国家和新兴的工业国家政府提升中小企业技术创新能力的许多政策措施，为我们提供了可供借鉴的宝贵经验。

一　国外中小企业的界定与评价

中小企业是一个相对比较模糊的概念，因此，试图在理论上或实践上给出一个确切的定义是相当困难的。目前世界各国对中小企业的界定尚无完全统一的标准，一些国家甚至将企业只划分为大型和小型两种，没有单独划分出中型企业，如美国就是将企

---

① 吴敬琏：《制度重于技术》，中国发展出版社 2002 年版，第 27 页。

业只划分为大型和小型两种①。但是，研究外国政府提升中小企业技术创新能力的政策措施，又不可避免地涉及中小企业的界定问题，因为这不仅涉及政策措施的扶持对象的范围界定，也关系着提升中小企业技术创新能力的政策手段能否达到政策目标。因此，中小企业技术创新能力政策措施的制定主体（政府）在制定政策时，首先要考虑政策涵盖的范围，也就是中小企业的界定问题。

（一）国外中小企业的一般界定

不同国家之所以对中小企业的界定标准不同，其主要原因有两点。其一，不同国家和地区的经济发展水平不一样，中小企业所处的经济发展环境也有差异，因此在中小企业的界定标准上不可能达成一致。即使在同一国家和地区，有关中小企业的界定和划分标准也会因经济发展状况的变化而发生相应的改变，不同发展阶段的标准也不可能一成不变。其二，企业本身的发展是动态的、复杂的，其中包括多方面的因素和条件，很难找到一个完整、统一的标准或指标来涵盖这些因素。因此，在确定中小企业的内涵时，必须结合本国的国情，尤其是经济发展水平，把中小企业放在一定的经济发展阶段，一个相对稳定的时期和环境中来界定。

综合各个国家的做法，国际上通常从以下三个方面来界定中小企业：一是资产或资本额；二是雇员数量；三是一定时期的营业额（通常是一年）。当然，多数国家并不是以上三个标准同时使用，而常常是只用其中的两项或一项，只有少数国家三项标准同时使用。本报告提供的部分国家（地区）中小企业界定状况见表2—1。

_____

① 为了研究的方便将没有单独划分中小企业的国家所界定的小企业，视为本研究报告的中小企业。

表2—1　　　部分国家（地区）中小企业界定状况一览表

国家或地区名称	雇员数量(人)	资产或资本额以及部分国家的定性界定	营业额(年)	说　明
美国	20 以下	定性界定：1. 独立所有；2. 自主经营；3. 同行业中不占垄断地位		零售企业
	500 以下			其他企业
加拿大	500 以下	定性界定：1. 独立所有；2. 大公司管理的结构特征；3. 在其经营领域不占垄断地位	0—2000 万加元	
智利	200 以下	100 万美元≥资产额≥0		
阿根廷	11 至 250		50 万—2000 万比索	工业
	6 至 200		60 万—1850 万比索	贸易
	6 至 200		20 万—300 万比索	服务业
德国	500 以下	定性界定：1. 独立所有；2. 所有权和经营权统一；3. 对企业进行个人或家族式管理；4. 非其他企业的下属单位；5. 不能从资本市场直接融资；6. 经营者自担风险	0—1 亿马克	
英国	200 以下	定性界定：1. 市场份额较小；2. 所有者根据个人判断进行经营；3. 所有者（经营者）独立于外部支配		制造业
	1 至 25			建筑、采矿业
			0—45 万英镑	零售业
法国	少于 10			手工作坊及特小企业
	10 至 49			小型企业
	50 至 500			中型企业

国家或地区名称	雇员数量(人)	资产或资本额以及部分国家的定性界定	营业额(年)	说　明
意大利	10 至 500	15 亿里拉≥资本额≥0		
奥地利	500 以下			
荷兰	250 以下	2400 万荷兰盾≥资本额≥0	0—480 万荷兰盾	
比利时	50 以下		0—2.3 亿法郎	
爱尔兰	1 至 500			制造业
瑞　士	500 以下			
西班牙	500 以下			
葡萄牙	5 至 500		0—25 万康托	
希　腊	10 至 100			
丹　麦	50 至 100			
挪　威	100 以下			
瑞　典	200 以下			
芬　兰	500 以下			
日本	300 以下	1 亿日元 > 资本额 > 0		制造、采矿、运输、建筑业
	100 以下	3000 万日元 > 资本额 > 0		批发业
	50 以下	1000 万日元 > 资本额 > 0		零售、服务业
韩国	300 以下	5 亿韩元 > 资产额 > 0		制造、采矿、运输业
	200 以下	5 亿韩元 > 资产额 > 0		建筑业
	50 以下	2 亿韩元 > 资产额 > 0		批发业
	20 人以下	500 万韩元 > 资产额 > 0		商业及其他服务业

国家或地区名称	雇员数量(人)	资产或资本额以及部分国家的定性界定	营业额(年)	说　明
新加坡	100 以下	1200 万新元 > 固定资产净额 > 0		
台湾地区	300 以下	1 亿新台币 > 实收资本 > 0	0—1.5 亿新台币	制造、采掘业
	100 以下			农业、金融、保险及服务业
香港特别行政区	100 以下			制造业
	50 以下			其他行业
澳大利亚	500 以下			

资料来源：林汉川、魏中奇著《中小企业发展与创新》（2001），吕国胜著《中小企业研究》（2000）等。

（二）　国外中小企业界定标准的评价

国外学者对中小企业界定标准的评价不尽相同。国外许多专家将界定的重点放在企业的功能性特征上，而不是规模的绝对大小。美国经济学家哈罗德·威特在 1955 年的一项研究中，在区分了黄油、面粉、汽车以及玻璃容器制造业中的大企业与小企业之间的差异后指出，小企业更可能具有以下特点：（1）主要依靠企业所在地的原材料供给；（2）具有较高的单位生产总成本；（3）只拥有一个工厂；（4）依赖于大企业。美国经济史学家罗斯·罗伯逊认为，"从相对的角度来定义'小'企业似乎是最好的。只要企业的主要投资者和主要经营者与企业的业务管理人员保持直接相对稳定的联系，并与他的大部分员工保持个人间的关系，这个企业就仍是'小'企业"。尽管许多学者将中小企业界定的重点放在企业的功能性特征上，但更多的学者接受了其所在的国家对中小企业管理当局所作的界定。下面着重从定量、定性两方面对中小企业界定的标准进行评价。

1. 对中小企业定量界定的评价

分析表2—1，就中小企业的定量界定可以得出以下三个主要结论。

（1）从定量角度界定中小企业是各个国家（地区）的普遍做法。在表2—1统计的样本中，采用定量界定的为100%。这是因为定量标准简便直观，便于进行统计和比较，为保护和扶持中小企业明确了对象。

（2）中小企业定量界定标准具有相对性。

首先，具有空间相对性。主要表现在三个方面：①不同国家（地区）政治、经济、文化等具体情况不同，其定量标准也不同。有的采用雇用人员标准，有的则采用设备投资标准，有的采用单一标准，有的采用复合标准，而且，在复合标准的掌握上亦有区别。有的要求同时符合两个或三个标准，有的只要求符合其中的一个标准。②因为不同国家（地区）经济规模不同，劳动力、资本的丰缺情况各异，所以不同国家（地区）的同一标准，具体取值区间不同。如同为雇员人数标准，澳大利亚取值区间为500人以下，挪威则为100人以下。③因为不同行业技术特征和要素构成各异，所以不同行业的标准或取值区间不同。如英国的制造业、建筑业和采矿业采用雇员人数标准，而零售业则采用营业额标准；同为雇员人数标准，就取值区间而言，制造业为200人以下，建筑和采矿业为1至25人。

其次，具有时间相对性。即使是同一国家（地区），同一行业采用的同一标准，在不同的经济发展阶段取值区间也有变化。如美国20世纪50年代将制造业中的250人以下企业界定为中小企业，现在则将上限提高到500人。这是因为随着时间的不同，行业整体规模结构也会发生变化。

最后，从本质上看，定量标准的相对性是根据中小企业本身的相对性。所谓中小企业，指的是相对于同行业中大型企业而言规模较小的企业。中小企业有可能成长为大企业，大企业亦有可能衰退甚至故意分解为中小企业，如 20 世纪 90 年代西方许多大企业实行"瘦身计划"就是如此。

（3）定量界定又可分为两类：按生产要素界定和按经营水平界定。前者又可细分为按雇员人数这一人的要素界定和按资产（资本）额这一物的要素界定，后者主要指按营业额界定。

以上是从总体上对中小企业定量界定的评价。下面根据企业雇员人数、资产（资本）额和营业额三个不同标准进行分类评价。

（1）雇员人数标准。该标准是从企业雇用人数多少这一"人"的要素角度反映企业规模的大小，往往为政府劳工部门所偏好。这是绝大多数国家都采用的标准。因为与其他数量标准相比，雇员人数标准最简单明晰，并且许多国家希望通过发展中小企业解决就业问题。这里的雇员是指企业工资劳动者或全职劳动者（周工作时间 35 个小时以上，季节性劳动者需按劳动时间进行折算），不包括企业所有者及其在企业中工作的家人。在表 2—1 中，雇员人数标准取值区间标明"××人以下"的国家（地区），表示将"自我雇用"（可以为零雇员企业，也可以只有业主及其家庭劳动者在企业中工作）视为中小企业。

（2）资产（资本）额标准。该标准是以价值或实物形态，从企业资产（资本）这一"物"的要素角度反映企业规模的大小，往往为金融部门所偏好。目前，采取这种标准的国家还相对较少，因为与雇员人数标准相比，该标准在计量上存在困难：①中小企业尤其是家族式中小企业，企业资产与家庭资产难以区分；②无形资产进入总资产或存在技术入股情况下，评估的技术可操作性差；③在信息不对称条件下，一些业主为使自己的企业加入中小企业行列获得优惠条件，可能隐瞒其资产（资本）量，而事实上这些企业按标准不在中小企业之列。但随着经济制度的完善、资产（资本）评估技术的进步和人们道德水准的提高，在企业资本运营日渐重要的情况下，这一标准将有广阔的应用前景。因为采用该标准有助于中小企业进行兼并、收购、出售等资本运营，可以优化资本（资产）配置效率，从而推动宏观经济的增长。

（3）营业额标准。该标准是从企业经营水平角度反映一个企业规模的大小，往往为财税部门所偏好。从总体上来看，目前采用该标准的国家（地区）最少。这主要因为：①企业的营业额是个极易波动的量，受通货膨胀、销售淡旺季、商业信用水平高低甚至国际汇率变动等诸多因素的影响；②与资产（资本）额相比，营业额更难以计量，可比性更低，也更缺乏可信性。在市场稳定，会计、统计、税收制度较为健全的国家操作上相对容易些，对于相应制度不太健全的国家则存在一定难度。由于税收是国家有效实施宏观调控的物质保证，而营业额则是财税部门对企业确定税率和决定是否实行税收优惠的重要参考依据，所以随着各种制度的完善，该标准的应用范围将会逐渐扩大。

这里需要说明的是，以上的定量界定可称为绝对定量界定（用的是绝对数指标），还有个别国家采用了相对定量界定（用的是相对数指标）。后者一般以行业中的相对份额为标准，比如不论行业中企业实际规模大小，仅确定一个企业数目百分比，在此百分比之内的较小企业界定为中小企业。如美国曾规定：每个行业中占90%数目的较小规模企业为中小企业，这类标准更适合于行业内的分类管理，以保护业内竞争。

2. 对中小企业定性界定的评价

定性界定标准亦称质量界定标准或地位界定标准。在表2—1中，采用这一标准的为美国、加拿大、德国、英国。采用该标准的核心有三点：独立所有、自主经营和较小的市场份额，这也正是定性界定标准的本质特征。"独立所有"是多数定性标准的必要条件，但各国间亦有细微差别。如美、德虽都强调独立所有，但美国认为只要业主持有50%以上的股权，就可看作独立所有，不管企业是否上市，而德国则认为上市企业不是独立所有，不属中小企业。"自主经营"指业主本人控制自己的企业，但各国把握此标准方法不一。如英国强调所有者（经营者）必须不受外部支配。"较小市场份额"的表达有直接和间接两种方式。如加拿大直接规定为"在其经营领域不占垄断地位"，意在防止垄断、鼓励竞争；德国则通过"不能从资本市场融资"和"对企业进行个人或家族管理"两个条件作了间接表达，因为这两个条件必然有碍于企业的扩张和市场份额的扩大。由以上分析可以看出，即使是定性标准，也存在一定的相对性。

定性标准的优点是显而易见的。第一，与定量标准相比，该标准反映了企业内部具有生命力的特征，更具稳定性，有助于从长远角度把握中小企业这一范畴。第二，就本质而言，中小企业备受关注，主要是由于其在竞争中先天的弱势地位，政府扶持中小企业正是为了弥补市场缺陷，保护公平竞争以促进效率的提高。定性标准以是否在行业中占垄断地位作为分界线，为政府制定政策提供了决策论据。第三，定性标准与定量标准结合，可使政府政策具有灵活性。如 1996 年为使美国汽车公司（American Motors）获得一些只允许中小企业才有投标资格的项目，美国小企业管理局（SBA）以该公司在行业中不占垄断地位这一定性标准为由，将之划为中小企业，而当时该公司有雇员 32000 名，年营业额高达9.91 亿美元。

当然，定性界定也存在着问题，如怎样看待中小企业与其他企业之间的关系。随着生产的社会化，企业间各种形式的联合也日渐普遍，而联合之后，中小企业的地位也可能随之改变。对这种情况，美国的处理相当严格：只要中小企业联合后总规模超过原定界限，则丧失原来的中小企业地位及相应的优惠待遇。韩国的做法相反，中小企业联合后若干年内，不论规模大小仍属中小企业，其目的在于鼓励各种形式的联合。正是出于这种原因，采用定性标准的国家，也同时全部兼用定量标准。

二 中小企业技术创新的作用与特点

当今世界，中小企业已经得到各国政府、理论界、企业界及其他各界的普遍关注。人们越来越认识到中小企业的存在和健康发展，对于抑制大企业的垄断、保护市场的有效竞争、保持产业内部的活力、提供就业等方面有着重要的作用，特别是中小企业在各国技术创新中的贡献日益增大，作用越来越突出。

（一）中小企业是技术创新的重要载体

与大企业相比，中小企业尽管在资金、信息、人才等方面存在着劣势，但是在剧烈的市场竞争中，由于中小企业贴近市场、产权结构清晰、管理层次少、研究管理费用低、开发周期短等特点，在技术创新中也有着得天独厚的优势，加上许多中小企业对市场的敏锐把握和大胆的冒险精神，因而创造了许多神话般的业绩，已成为许多国家技术创新的主要载体。据美国小企业管理局的有关资料显示，进入 20 世纪 80 年代后，美国大约 70% 的创新是由中小企业完成的；中小企业每个雇员技术创新成果约为大公司雇员的 2.5 倍；美国现有的高新技术企业 97% 属于中小企业，其中 70% 的中小高新技术企业职工人数在 20 人以下。1996 年美国出口的高技术产品中，一半是直接由中小企业提供的，另一半中的 1/3 是与中小企业协作配套完成的。美国小企业管理局（SBA）曾收录过 20 世纪对美国和世界有过巨大影响的 65 项发明和创新中，其中有 45 项是小企业和个人完成的，如青霉素、晶体管、复印机、直升机、个人计算机等。中小企业在产品创新、服务创新、工业创新和管理创新中的贡献率分别达到 32% 、38% 、17% 和 12% 。美国全国基金会的研究表明，中小企业开发新产品、新技术的效率也明显高于大企业，每一美元研究费的创新数量是大企业的 4 倍。从技术创新到产品投入市场的时间来看，大企业平均为 3.05 年，中小企业为

2.22 年。

中小企业技术创新的产业分布非常广泛，不仅传统产业依靠中小企业的技术创新活动推动技术进步，促进产业的重振与发展；而且在近些年出现的一些新兴的产业中，中小企业的技术创新活动更加活跃，极大地促进了这些产业的发展和成熟。特别是在高新技术产业中，生产诸要素中掌握着知识的人力资本对该产业的发展起着决定作用，这就使得一些科学家、工程师、高等院校的学生以及来自大公司的高级管理人员能够直接创办知识和智力密集的、具有市场竞争优势的小型高新技术企业。可以说，高新技术产业载体的一个重要方面是中小企业，这一点在世界各国的发展中几乎都得到了验证。美国工程科学院的凯瑞瑟（Kressel，H.）博士曾领导一个研究小组对精密显示和可视系统、可植入器具和外科医疗器械、软件、环境测试服务、网络服务和网络设备、室外运动用品等六个产业进行的调查研究表明：在可植入器具和外科医疗器械、环境测试服务、室外运动用品产业中，小型高技术公司处于垄断地位，在其余三个产业中，小型高技术公司也占有重要的位置。在日本，中小企业开发新产品周期在 1 年以下的占 90.5%，而大企业仅占 58.5%；成功率在 50% 以上的开发项目中，中小企业的比重为 20.4%，而大企业的比重为 9.1%。在德国，约有 2/3 以上专利技术是中小企业研究出来并申请注册的。众所周知，举世闻名的松下、索尼、福特、杜邦等大型跨国公司都是由中小企业在不断创新中成长壮大起来的。1975 年，比尔·盖茨同艾伦一起创建微软公司时，虽然只有 900 美元资本，但在很短时间内便凭借不断的技术创新成为世界企业 500 强中的佼佼者。

总之，中小企业在技术创新活动中所投入的人、财、物之大，所涉及产业领域之广，涉及的部门和地区之多，是其他组织和团体无法比拟的。中小企业在技术创新来源、技术创新方式、技术创新过程以及技术创新成果等方面的杰出表现，使其成为技术创新中无与伦比的重要载体。

（二）中小企业的技术创新是国家创新体系的重要组成部分

由于中小企业数量众多，涉及的产业广泛，以及其具备的内在的技术创新的活力，使中小企业的技术创新在量和质两方面都体现出很高的水平，成为各国国家创新体系的重要组成部分，在某些地区甚至成为技术创新的主导力量。

一方面，中小企业创造的技术创新成果在数量上占有一定的优势。据美国商业部的统计，第二次世界大战以来95%的科技发明与创新都来自中小型的新兴企业。在美国，中小企业创造的技术创新成果和新技术数量占全国总数的55%以上。在某些地区，中小企业的技术创新还处于绝对的优势。另一方面，中小企业技术创新在质量方面同样成绩斐然。20世纪由美国中小企业创造的重大技术创新成果包括：飞机、喷雾器、DNA指纹技术、人造生物胰岛素、录音机、双编纤维（double－knit fabric）、光纤检测设备、心脏阀、光扫描器、步速器、个人电脑、速冻食品、软接触透镜以及拉链等，这些成果不仅在创新程度和水平上绝不亚于大企业的创新成果，而且对当今社会和经济发展以及新技术革命都产生了深刻与广泛的影响。另据统计，在1953—1973年的20年中，美、英、德、法、日五国共开发了352件重大创新项目，有157件为中小企业创造，占45.2%，其中，美国的比例为50%，法国的比例为57%；从1952—1977年的25年中，在最重要的319项科研开发项目中，中小企业占了200多项。此外，研究表明，中小企业的技术创新活动更容易扩散和转移。根据美国审计总署对1994年中小企业技术转移计划实施情况的评估表明，在参与5个政府部门的计划项目中，能源部批准的中小企业技术转移计划项目的水平都在全部研究项目最好的10%之列；卫生部批准的48个项目中，14个被认为是杰出的，31个是优异的；航空航天局批准的21个项目中，11个被认为是平均水平以上，8个被认为在航空航天局全部研究与开发（R&D）项目最好的10%之列。

总之，中小企业无论在技术创新的数量还是在质量上，都可与大企业相媲美。中小企业的技术创新对提升区域技术创新能力，具有至关重要的作用，已成为各国国家创新体系中不可或缺的重要组成部分。

（三）中小企业技术创新为经济发展注入了新的活力

进入 20 世纪 80 年代以后，世界兴起了第五次企业兼并浪潮，这一过程造就了一大批规模巨大、资金雄厚、市场覆盖全球的经济巨头，给中小企业的发展带来了巨大的压力。但是，中小企业却在这种压力下顽强地生存着。究其原因，其中很重要的一个因素就是中小企业具有很强的技术创新能力，并且善于将技术创新能力转化为竞争优势。客观地说，同大型企业公司多层次的等级结构和与之相伴的必然的低效率、高投入相比，小企业技术创新的驱动机制更有效，创新要求更迫切，创新成本较低。所以，尽管就单个中小企业来讲，其研究开发资金大大少于大型企业，但就中小企业整体而言，它们在技术创新中所起的作用远远超过了自身的规模和财力的限制，中小企业技术创新的活力对经济对发展的推动是显而易见的。据美国全国基金会估计，在技术革新方面，中小企业平均每一职工所从事的技术改革和革新项目是跨国公司的 2.5 倍；以单位投入的产出来衡量，中小企业的单位研究开发投入所产生的专利发明是大企业的 3 倍至 5 倍，是跨国公司的 24 倍。另外，由于中小企业比大企业善于寻找市场机会，将其科研成果商业化，因而中小企业技术创新活动，意味着并不局限于技术的发明与创造，而更多的是在高技术成果的应用和商业化方面，使技术创新对经济的贡献更为直接。

20 世纪 90 年代以来，发达国家高科技中小企业的技术创新与其产权上市、风险投资互动发展，进一步为其经济的发展注入了新的活力。1999 年，仅美国首次在创业板公开上市的股票就吸走 692 亿美元资金，比 1996 年前的另一次高峰 499 亿美元高 140%。由于中小企业创业板上市门槛低，也带动了风险投资业蓬勃发展。1999 年，全美风险投资创下 356 亿美元的纪录，比前一年增长了 150%，其中 90% 以上投到高科技中小企业。

事实表明，中小企业的技术创新给经济发展注入了新的活力，越来越成为区域经济发展的发动机和推进器，对提升区域经济竞争力具有至关重要的作用。

（四）中小企业技术创新表现出更高的效率

与大企业多层次的等级结构相伴的低效率、高投入相比，中小企业技术创新的驱动机制效率较高，创新成本较低。所以，尽管就单个企业来讲，中小企业研究开发资金大大少于大企业，但它们所起的创新作用远远超过了其自身的规模和财力，在许多产业部门拥有创新优势。由于中小企业创立和管理成本低，对市场变化适应速度快，特别是具有制度创新和技术创新两方面的明显优势，因此，许多中小企业在激烈的竞争中能够迅速成长为大型企业乃至巨型企业。众所周知，在美国的硅谷有上万家中小企业，这些充满生机和活力的中小企业，不仅孕育着很多新的思想，而且也是大企业的雏形。有关资料显示，从世界范围来看，中小企业从每单位销售额所能获得的专利成果大约为大企业的 2 倍。如果把大企业拿出更多的资金和资源将其发明成果以专利方式注册的因素考虑在内，中小企业显然比大企业拥有更多的发明创造，更具有创新性。美国中小企业比大企业"研究密集度"更高，中小企业中从事研究与开发的科学家与工程师占全部雇员的比例约为 6.41%，而在大企业中这一比例仅为 4.05%。据调查，美国自身拥有知识产权的中小企业平均为 61 个雇员，其中 19% 的雇员从事研究与开发活动，而同样拥有知识产权的大企业中从事研究与开发活动的雇员平均仅占 3%。另据欧盟的一项统计显示，中小企业研究与开发的单位投入所生产的新产品是大企业的 3.5 倍。很多研究都表明，企业规模和企业的研究与开发支出成正比，但与创新数量之间没有明显的正比关系。中小企业在技术创新的效率方面较大企业更有优势。

总之，与大企业相比，中小企业在技术创新方面，表现出更高的效率，在资源利用方面也是富有成效的，这在一定程度上提高了全社会技术创新的综合效益。

（五）　中小企业技术创新更富有合作性

技术创新过程通常要求同时使用资金、设备、人才、专利和专有技术等资源。传统意义上的企业的技术创新往往是基于单个企业进行的。但随着技术的不断进步，创新所面对的技术难题日益复杂，取得突破的难度越来越大。据统计，1970 年，在世界最有价值的 30 种出口产品中，应用复杂技术生产的产品约占 43%，到 1995 年，这一比例提高到了 85%。在技术日趋复杂的情况下，中小企业独自开展创新活动，创新资源显然不足，有时会碰到更多难以克服的技术创新瓶颈，而中小企业合作进行的技术创新，有利于突破技术障碍，加快创新速度。因此，合作进行技术创新成为中小企业突破技术障碍的一个捷径，而且企业创新的意识越强，研发活动越是密集，这种合作的意愿越强。20 世纪 90 年代以来，中小企业为了获得和分享创新资源而在所达成的共识和默契基础上相互结成的合作创新，成为流行于欧美发达国家的新的技术创新组织形式。这种技术创新的合作组织形式，改变了传统企业技术创新的封闭状态，强调开展协作和配套的技术交换，形成专业化分工与相关企业的密切互动的合作方式，等于把其他企业的技术开发专长嫁接到自己的核心能力上，从而实现规模经济，降低创新风险，显著提高创新绩效。据对欧洲十个地区的调查发现，在创新过程中由中小企业合作的项目，不仅容易获得成功，而且创新的质量也超过了跨国公司。

中小企业的技术创新，在充分利用政府资助方面也表现出了很高的效率与合作性。有资料显示，由美国联邦政府资助的研究经费，中小企业比大企业更倾向用于基础研究，同样的资助经费在小企业用于基础研究的可能性比在大企业要高 4 倍。这表明中小企业能够更好地将政府资助用于有益于科技发展、有利于长远的研究与开发活动。中小企业合作研究效率高更体现出中小企业技术创新的突出特点。在美国，尽管大、小企业的研究与开发支出的回报率平均在 26% 左右，但在有大学参与的研究与开发活动中，大、小企业的研究与开发支出回报率分别为 30% 和 44%，显示出中小企业技术创新通过合作能取得比大企业更好的效益。

总之，技术飞速进步和市场竞争日益加剧推动着越来越多的中小企业走上合作创新之路，中小企业之间、中小企业与科研院所之间，以及中小企业与大企业之间的技术创新的协作，使中小企业更容易参与大市场、大竞争，从而促进了创新意识较强的中小企业迅速崛起。

（六）中小企业在技术创新中具备明显的后发优势

近年来，在互联网、新技术、新材料、新能源的推动下，工业化国家开始进入了一个新的技术时代，传统产品市场的停滞和传统产业的萎缩，使大企业面临的困难重重。与此同时，在市场的竞争压力下，大量的新技术涌现出来，并带动新的产业出现和发展，这为中小企业的技术创新活动提供了契机，使中小企业在技术创新中的后发优势充分显现。

首先，市场的"战略空白"为中小企业技术创新发挥后发优势创造了条件。在一般情况下，当一代产品开始衰退，后一代产品尚未生产之时，市场往往出现"战略空白"。在这样的市场空白中常常可以找到适合小企业成长的"空白生存空间"，中小企业只要能够把握住这样的机会，进行技术创新，就找到了走向成功的钥匙。

其次，中小企业灵活的经营体制为其技术创新发挥后发优势创造了低廉的运作成本和较高的效率。中小企业资本量相对较少，一般具有财产权和经营权相统一的产权结构特征。也就是说，中小企业经营者本人在企业中有相当部分的投资，或者是由企业内部职工集资形成资产的主要部分，企业的资本独立程度都在 50% 以上。这种产权结构是一种独立的封闭的产权结构，可以做到所有权和承担风险的统一，更容易迅速适应市场变化。

同时，由于大多数中小企业财产权和经营权是统一的，这就大大减少了两权分离时所产生的代理成本，因而可以提高技术创新的运作效率。使中小企业在大企业之间的缝隙求得生存。此外，由于中小企业使用的劳动力成本较低、经营形式多样化，使得其不仅利于因时因地制宜地进行企业之间协作，而且可以吸纳大量非熟练工人，如季节工、学生工、家庭妇女、外籍工人等。这些都为中小企业技术创新发挥后发优势创造了条件。

值得注意的是，知识经济时代的到来为中小企业技术创新发挥后发优势提供了新的发展机遇。

第一，市场需求的多样化、个性化、细分化特征进一步突出，要求企业产品不断创新，从而实现多品种、小批量甚至个性化定制。这对拥有标准化生产线的大企业来说一时难以适应，而中小企业对市场需求的反应则要快得多，更加有利于中小企业的生存和发展。

第二，信息技术的广泛采用，对中小企业发展更为有利。由于因特网的普及，使中小企业得以在"信息高速公路"上同大企业平等竞争，获取信息的速度加快。网络人才、占领市场的时空障碍被打破，缓解了中小企业原有的创新开发力量弱的缺陷，使中小企业的低成本优势得到充分发挥，从而使中小企业与大企业之间竞争实力的差距大为缩小；同时信息化使中小企业在技术创新上发挥的作用进一步增强，强烈的危机意识和快速反应机制，使中小企业技术创新速度和成功率比大企业更高，成本更低。

第三，在向知识经济转变的进程中，不但以中小企业为主的新知识产业正在兴起，而且原来许多资本密集型的产业，将向技术密集型、知识密集型产业转变，这就为中小企业摆脱原有的资本约束，向技术产业进军创造了条件。同时，政府的支持和各种新型融资方式，如企业孵化器、风险投资等的发展也为中小企业进入高新技术产业创造了有利条件，因而一些具有技术和人才优势的高新技术中小企业将迅速发展起来。

总之，与大企业相比，中小企业在创造新产品和新工艺、探索开发新产业和市场等方面发挥着独到的作用，具有明显的后发优势。

三　外国政府提升中小企业技术创新能力的主要政策措施

提升中小企业技术创新能力的政策措施，是一个政策体系，是一国政府为了提升本国中小企业的技术创新能力，通过激励、引导、保护、协调和规范中小企业创新主体及其他相关创新主体行为，而采取的各种直接和间接的政策措施的总和[1]。为了提升中小企业创新能力，世界各国从组织机构的设立、优化创新环境、财政金融支持、建立信用担保体系、税收优惠、健全社会化服务体系等方面，对中小企业的技术创新活动做出了不懈的努力。尽管各国扶持的力度和政策措施范围不一，但综合起来主要有以下几个方面。

（一）设立专门机构，提供组织保障

为了加强对中小企业的技术创新的指导、咨询和扶持，各国政府专门成立或在中小企业指导和管理的综合部门中单独设立负责中小企业技术创新的指导和扶持机构，它体现了政府对中小企业技术创新的重视程度，为实施政府的中小企业技术创新的指导和扶持政策，提升中小企业创新能力提供了组织保证。现将有代表性的国家的做法介绍如下。

---

① 万兴亚：《中小企业技术创新与政府政策》，人民出版社 2001 年版，第 202 页。

1. 美国

美国政府对中小企业的技术创新已形成一套较系统的指导、咨询和扶持机构体系。美国政府 1953 年成立的小企业管理局（SBA），内部设有创新研究与技术办公室，其职责包括负责制定中小企业技术创新与发展的有关政策，与有关单位一起指导中小企业技术创新活动，执行支持中小企业技术创新的计划，以增强中小企业的研发能力和市场竞争能力，为中小企业的研究开发和技术成果商品化提供帮助。中小企业局直属的全国十大地区的分支机构，以及各州、县、市 1000 多个办事处，负责审批技术创新项目的贷款，提供技术创新的咨询服务。

另外，中小企业局还设有相应的社团性质的下属单位，为中小企业的技术创新提供各种帮助。退休经理服务社团（SCORE），按地区组织退休人员为中小企业的技术创新服务；小企业研究所（SBI），通过全国 500 个大学和学院每年向 6000 个以上中小企业的技术创新提供咨询服务；小企业发展中心（SBDC），通过当地政府、州政府和联邦政府的共同努力，对现有的或将要建立的中小企业提供单独的技术创新咨询和其他支持；企业信息中心（BIC），利用退休经理服务社团咨询系统提供服务。

此外，成立于 1974 年、1985 年和 1992 年的联邦实验室技术转移联合体（FLC）、工业—大学合作研究中心计划和国家技术转移中心等技术机构，均向中小企业提供多种技术成果转让服务。

2. 德国

德国为促进本国中小企业的创新和发展，在联邦政府经济部、财政部、研究技术部都下设专门负责中小企业的机构，在欧盟和驻外使团内，也设有中小企业促进机构。经济部设立了中小企业局，主要任务是为中小企业提供信息和宣传材料，负责制订欧洲复兴基金贷款计划，为国际技术转让提供低息贷款等。经济部还在波恩设有中小企业研究所。各州以及市（县）也有类似经济部中小企业局这样的管理机构。各级政府在促进技术创新的组织机构上，德国坚持自上而下的原则，分工明确，职责清晰。由欧盟、联邦政府、各州以及市（县）扶持中小企业技术创新的各种资金，通过银行、商会等组织，间接分配到企业，政府则对资金的使用情况进行严格的监督。在政府机构下，设立具有法人资格的公共机构，如联邦复兴银行、清算银行、德国工商总会等，这些机构依法设立，接受政府及其部门的委托展开工作，具有一定的管理职能，主要为企业技术创新提供免费信息、培训、咨询、对外交流、间接融资等服务。

联邦政府还成立了"联邦卡特尔局"和"国家托拉斯局"，旨在制止大企业对中小企业的吞并及其他的联合行动，但对中小企业的联合则给予支持。中小企业自愿组成的行业协会和联合会等非营利的社团法人，其活动经费来自会员企业提供的会费，主要任务是为企业提供咨询服务，协助政府监督各项计划的实行，或代表中小企业与政府有关部门对话等。此外，还有大量的信息公司、会计事务所、律师事务所等以营利为目的的中介机构，根据企业的申请，为企业展开专项服务。

3. 法国

法国的中小企业技术创新扶持体系较为完整。法国除设置了中小企业和手工业部外，还设立中小企业提案委员会，负责提出发展中小企业的基本政策方向和措施。中小企业和手工业部内设立企业创设厅，鼓励中小企业创业和发展；设立中小型工业技术委员会，为中小企业提供技术创新指导和服务。另外，国家技术交流转让中心也是政府支持中小企业技术创新的主要机构，目前在全国22个大区内都设有它的分支机构。1967年，法国政府成立了专门负责中小企业技术创新的机构，即国家技术交流转让中心（ANVAR）。它是一个具有政府职能的服务性非营利性机构，其主要任务是扶持中小企业技术创新，将技术成果介绍、转让给企业，支持各种有关企业技术进步的合作计划，帮助企业寻找技术合作伙伴等。其他的一些机构，包括组建于1984年的地区创新和技术转让中心，目的是帮助每个研究机构传播应用研究成果；成立于1988年5月的国立应用科学高等学院成果推广机构，其职能是出售工科院校实验室的技术或技能。另外，全国每个大区都设有技术创新咨询网，负责中小企业技术创新的咨询服务。

此外，由国土资源部管辖的国土整治、环境整治及环境保护局，负责对不同经济区域的中小企业实施经济援助。设立了中小企业全国联盟，作为扶持中小企业技术创新和发展的法人财团。由科研中心的工程科学部，原子能总署的先进技术部，国家宇航研究院，国家信息与自动化研究院，国家农机、农村工程、河流和森林中心，国家农学研究院，工业技术中心网和贝尔坦研究公司于1996年底组成了一个"面向企业的研究与创新财团"。目的是使企业增加技术创新资本，增强竞争优势，保持和创造就业，中小企业是其主要的服务对象。

4. 日本

第二次世界大战后，日本政府高度重视对中小企业技术创新的组织领导，设置了众多的管理和促进中小企业发展及技术创新的官方和民间机构，形成了以政府中小企业厅为中轴、民间团体为齿轮的官民结合的扶持机构体系，从而加强了对中小企业技术创新的组织领导、扶持和咨询服务。在这个管理体系中，中央政府的主要职能是制定政策和立法，决定中小企业的发展战略和发展方向。地方政府的主要职能是贯彻执行国家政策，在不违背中央政府总政策的前提下，制定和实行适合本地区需要的具体政策，开展各种活动。

首先，日本政府内阁设有中小企业政策审议会，通产省根据《中小企业厅设置法》设置中小企业厅，作为政府管理中小企业的最高行政机关，并在全国九大地区通产局（通产省派出机构）内设中小企业课，全国47个都道府县政府经济局内，由商工部负责管理。在这个框架下，通产省中小企业厅和九大地区通产局设立"中小企业情报中心"，各都道府县政府经济局内设立中小企业综合指导所，从而形成了一个庞大的中小企业的情报体系，为中小企业搜集整理各种经济技术情报，并及时地提供给中小企业。政府还在全国各地设立了200多个公立试验机构，为中小企业免费提供实验设备和技术指导；建立技术顾问制度，对中小企业产品从设计、试制到投产提供具体的技术指导。

其次，日本政府还专门成立了不同性质的中小企业金融机构，帮助中小企业创新和发展。例如，1949年设立的"国民金融金库"，1953年设立的"中小企业金融金库"，1963年设立的"中小企业投资育成公司"等。这些中小企业融资机构，对缓解中小企业技术创新的融资压力起到了很好的作用。

此外，日本政府积极支持中小企业团体，建立了各种民间组织，主要有"中小企业振兴事业团"、"中小企业共济事业团"、"中小企业诊断协会"、"中小企业团体中央会"、"日本商工会议所"、"日本商工会"等。这些团体各有专长，但又密切配合，政府以法律形式明确了这些社会团体的职责和义务，借助各种中小企业团体的力量指导、组织、协调中小企业的技术创新活动，发挥他们在企业与政府间的桥梁作用，使政府既能了解企业的技术创新活动的状况和要求，又减少政府在微观方面管得过多过死的矛盾，使其当好政府管理机构的助手，在促进中小企业发展及技术创新等方面起到了非常重要的作用。

5. 韩国

韩国负责中小企业技术创新指导和扶持的组织机构由政府行政机构、咨询和审议机构、中小企业团体组成。

韩国政府管理中小企业的行政机构有两个：一个是中小企业管理局，成立于1996年2月；另一个是总统中小企业委员会，成立于1998年2月。中小企业管理局是韩国的中央政府机构，同时也是总统中小企业委员会的秘书处，其主要功能是作为一个技术指导机构。中小企业管理局监管国家技术和质量协会以及遍布全国的11个地方中小企业课，制定中小企业政策，规范和协调中小企业相关部门及成员的工作。11个地方课的主要任务在于提高地方政府与当地中小企业组织的合作以及执行地方中小企业的政策。

韩国中小企业的咨询和审议机构是根据《中小企业基本法》等有关法律规定设立的。包括中小企业政策审议会、中小企业系列化促进协议会、中小企业事业调整审议会、中小企业制品购买促进审议会、创业支援审议会等。这些机构由行政部门、群众团体、金融机构的负责人及中小企业专家组成。他们在法律规定的权限范围内,调查审议有关政策的利弊,对中小企业的技术创新立项支持、创业支援、结构高度化等问题进行调查和检查,并对有关长官的咨询作出答复。他既是政府制定中小企业政策的顾问,又是中小企业者向国会、政府、各党派反映意见、施加影响的代言人。

韩国政府还从财政预算中拨出大量资金,建立了一批官助民办或官办民营等形式的中小企业团体,协助行政部门贯彻和实施有关中小企业技术创新政策,它们是扶植、指导中小企业技术创新重要的社会力量。这些团体主要包括中小企业振兴公团、中小企业协同组合、生产性本部、生产技术研究院贸易协会、经济人联合会、商工会议所等。这些团体的主要任务是为中小企业技术创新提供长期低息贷款、培训人才、进行技术指导、提供情报,配合政府提升中小企业技术创新能力,扶持中小企业创业,扶持技术创新的成果产业化等。其中,最重要的中小企业团体是中小企业振兴公团和中小企业协同组合。中小企业振兴公团是根据《中小企业振兴法》成立的法人团体,负责执行韩国政府的扶植中小企业的政策、措施。公团事务所设在汉城市,其他地区设有研修院、支部、支所等。公团的业务主要有:支援中小企业创业和技术创新活动;负责借贷中小企业创业和技术创新所需资金;对中小企业经营、技术进行诊断和指导;扶植弱势产业,促进弱势产业的中小企业新技术开发;为中小企业技术创新培养人才和提供情报。中小企业协同组合是韩国四大民间组织之一,是1962年5月根据1961年制定的《中小企业协同法》设立的。协同组合业务主要有:借贷组合成员需要的创新和事业资金;对经营、技术和质量管理进行指导,提供情报;缔结旨在谋求组合成员或会员经济利益的契约;出口组合成员生产的产品，进口组合成员生产所需原材料；有关组合成员福利事业；规划有关会员之间事业调整及向主管长官申请调整非中小企业者侵害该组合成员事业等事项；调查研究有关组合事业和国家或地方自治团体委托的事业。

此外，韩国的中小企业银行和国民银行是专门为中小企业服务的金融组织，信用保证基金会是为中小企业提供贷款担保的组织，大韩贸易振兴公社、产业研究院、韩国包装设计中心、生产技术研究院、东南银行、大同银行等也都是为中小企业技术创新和发展服务的组织和机构。

6. 新加坡

1986年，为支持新加坡中小企业创新和发展，新加坡政府在经济开发厅设立了小企业局。小企业局由援助部、企划调整部、融资部等三个部组成，主要任务是负责制定和实施中小企业发展的计划和政策，促进中小企业技术创新、提高生产力，统筹和协调中小企业的发展，援助本地中小企业达到创新的目标，使之对新加坡的经济发展做出更大的贡献。

此外，新加坡政府还要求其他一些国家机构对中小企业技术创新提供具体指导和援助的任务和职能。例如，新加坡贸工部下属规划与工业研究所，研究所内拥有各种专门人才为中小企业开发研究、选择先进技术，协助制定技术进步规划，为中小企业的技术进步提供各种必要的服务；电脑局负责指导和促进推动中小企业广泛应用计算机，以提高创新能力；国家生产力局负责提高中小企业的管理素质与生产力；工业研究局负责企业的技术开发和技术转化、利用等，提高技术水平等。

同时，新加坡政府也动员社会科技力量和大小研究机构同工业界联合起来促进中小企业发展。如经济发展局下属新加坡工艺学院就同全国2000家制造业的中小企业保持密切的联系，为其提供各种技术咨询服务。

7. 其他国家和地区的主要经验

台湾地区解决跨"部委"中小企业技术创新和发展问题，由设立在"行政院"的中小企业政策审议委员会负责办理。有关中小企业技术创新的日常事项如日常管理、咨询、资金融通、互助合作等，由设立在"经济部"的"中小企业处"作为专管机构。另外，"工业局"、"国际贸易局"、"投资业务处"、"商业局"等行政机关，分别负责对中小企业进行相关政策的辅导，同时与行业协会和专业机构合作，对中小企业进行专业性辅导。县市政府作为中小企业的主管机关，均设中小企业服务中心，以加强对中小企业的服务，从而形成上下连贯、左右交织的相互完整的辅导体系。

加拿大联邦政府1997年成立了国家中小企业部，中小企业部下设企业家精神与小企业办公室（简称ESBO），负责为中小企业提供技术创新咨询和其他支持。ESBO主要从事三方面工作：一是对中小企业技术创新的政策倡导，影响和推动政府和议会对中小企业技术创新的决策；二是具体执行对中小企业技术创新的政策；三是研究中小企业技术创新的政策发展方向。另外，加拿大各省政府都设立专门的中小企业管理机构，负责处理有关中小企业事务。各级政府在中小企业事务上职能完全不一样，避免各级政府在职能上的相互重复。

意大利对中小企业技术创新的扶持、咨询、服务等事项，统一由工商手工业部具体组织实施。工商手工业部长每年就《支持中小企业创新发展法》的实施情况，向经济规划部际委员会和议会提出报告。经济规划部际委员会是由相关部长组成的一种机构，根据工商手工业部长的报告及建议，对中小企业技术创新扶持政策进行协调。

英国对中小企业技术创新的财政资金扶持、服务等事项，由1971年设立的中小企业局负责。另外，为了鼓励中小企业与科研机构以及中小企业之间技术创新的合作，1978年，又在工业部内设立合作发展局，并在全国建立了70多个地方机构，具体负责中小企业的技术创新合作事宜。此外，还设立了中小企业情报中心和中小企业协会，针对中小企业的技术、经营及市场问题，给予指导、咨询和资金上的支持。

（二）通过立法营造技术创新的政策环境

为了明确、规范和保障中小企业技术创新的地位及其合法权益，各国政府普遍制定了许多支持促进中小企业技术创新和发展的法律法规，努力为中小企业的技术创新创造了一个良好的外部法制和政策环境。

从 1890 年通过了第一个维护中小企业权益的法令——《谢尔曼法》以后，美国政府不断通过立法支持中小企业的创新和发展，使美国中小企业在法律的规范和保障下积极而有序地发展，走在了世界的前列。1953 年，美国国会通过了《美国中小企业法》，1964年通过了《机会均等法》，20 世纪 80 年代又通过了《史蒂文森—怀德烈技术创新法》、《贝赫—多尔技术创新法》、《中小企业经济政策法》、《中小企业开发中心法》、《中小企业从业人员的所有制法》、《中小企业投资奖励法》、《中小企业技术创新研究法》、《小企业技术创新发展法》、《小企业担保信贷法》、《小企业公平竞争管理法》、《联邦政府技术转让法》、《综合贸易和竞争法》、《国家竞争力技术转让法》、《军转民、再投资和过渡援助法案》等法律①，把中小企业的技术创新活动纳入了法制化的轨道。有关法律中都明确规定了政府应尽可能支持、引导、帮助和保护中小企业的技术创新活动，鼓励联邦政府与中小企业的 R&D 合作。如为鼓励学术机构和中小企业合作研究，1980 年，制定实施的《贝赫—多尔技术创新法》允许中小企业、大学或非营利机构将在联邦政府资助下的发明所有权归其所有；《中小企业技术创新研究法》明确

---

① 胡显章等：《国家创新系统与学术评价》，山东教育出版社 2000 年版，第 96 页。

规定，凡是研究与开发经费超过 1 亿美元的联邦政府部门，都要将该预算留出一定比例的资金，用于资助中小企业的技术创新研究，仅 1995 年，就有 1.3 万多个中小企业的 2.6 万余个研究项目获得了资助。近年来，美国又颁布了《加强中小企业研究与发展法案》、《减税法》、《新税法》等，这些法律对推动中小企业技术创新具有明显的作用，特别是新的税法给中小企业创新开发以较大的减税空间和机会，有力地推动了中小企业的技术创新活动。

　　第二次世界大战后，日本政府为了保护与扶持中小企业技术创新，颁布了 30 余件有关中小企业的法律，形成了相对独立的中小企业技术创新的法律体系——既有一般指导意义的中小企业基本法，又有对中小企业技术创新进行扶持的具体法律，还有一些与中小企业技术创新相关配套的法律，从而使日本成为世界上中小企业立法最完善的国家，这对于保障中小企业的利益，促进中小企业的发展和技术进步，加快日本经济腾飞，发挥了重要作用。主要有：《中小企业设置法》、《中小企业信用金库法》、《中小企业现代化资金资助法》、《中小企业行业振兴临时措施法》、《中小企业基本法》、《中小企业现代化促进法》、《中小企业指导法》、《中小企业振兴事业团法》、《中小企业技术开发促进临时措施法》、《关于促进中小企业创造性事业活动的临时措施法》、《中小承包企业振兴法》等。完备的法制为中小企业技术创新政策的制定和政府管理提供了基本的法律依据，为中小企业技术创新提供了强有力的支持与保护。例如，《中小企业基本法》中明确指出了"引进现代化设备，谋求中小企业设备现代化，推动技术研究开发，培训技术人才，以提高中小企业技术水平，引进现代化管理方法，提高经营管理人员能力，使中小企业经营管理合理化"等 8 个方面的综合性措施，以改变中小企业在经济和社会中所处的不利地位，提高中小企业的技术水平和生产效率和中小企业职工的经济社会地位。

　　意大利战后扶持中小企业的创新和发展的法律有十几部，使这个有"中小企业王国"之称的国家的技术创新活动井然有序。特别是 1991 年 10 月 15 日通过的《扶持小企业创新与发展法》，将扶持中小企业技术创新的目的、范围、方法、手段、管理机构的设置及运作方式等问题集中在一部法律中予以确定，使中小企业技术创新扶持措施在法治化的基础上，进一步走向综合化、系统化，从法律的高度，防止了中小企业技术创新活动实际操作中出现章法混乱的现象。

台湾地区为保护规范中小企业的技术创新和发展，制定了"中小企业发展条例"、"促进产业开放条例"、"公平交易法"等相关法规和条例。其中最重要的是"中小企业发展条例"，该条例对中小企业设定标准、主管机构设置和职能及其技术服务辅导的范围方式、中小企业的技术创新融资与保证、新产品开发、技术创新的税捐减免等各方面都作了规定。1991 年，台湾当局又公布实施了"中小企业辅导体系建立及辅导办法"，对中小企业技术创新活动进一步规定了详细的辅导内容与措施。

韩国的促进中小企业技术创新和发展的法规主要包括：规定中小企业技术创新扶持原则的"中小企业基本法"，指明中小企业技术创新方向的"中小企业事业调整法"，促进中小企业技术创新协作发展的"中小企业协同组合法"，促进中小企业新产品出口的"特定出口产业政策"，促进中小企业技术创新政策措施具体实施的"中小企业系列化促进法"、"中小企业振兴法"、"中小企业创业支援法"、"中小企业共同事业基金制度"等法律法规。

（三）财政与金融扶持

资金不足是世界各国中小企业技术创新共同面临的最大难题。为帮助中小企业克服资金困难，外国政府通常运用财政、金融等经济手段，通过政府出资建立专门为小企业技术创新贷款的金融机构；政府管理部门直接投资资助小企业的技术创新；鼓励风险投资公司投资资助小企业的技术创新；引导商业银行、私人金融组织资助小企业的技术创新等方法，推动中小企业技术创新。

1. 美国

美国是一个市场经济高度发达的国家，政府财政一般不直接对企业支持。但是为了促进中小企业的技术创新活动，美国国会1977年决定试行"小企业创新研究"计划，该计划要求美国国家科学基金会将国家科研经费的10%下拨给小型高技术企业，以鼓励和支持具有商品化前景的技术开发。经过5年试验，该计划获得巨大成功，许多高技术小企业得以迅速发展，大批高技术成果商品化并推向世界。鉴于此，美国于1982年通过了里根总统签署的《小企业发展法》。该法明确规定：年研究和发展经费超过1亿美元的国防部、国家科学基金会、教育部、能源部、农业部、商业部、运输部、国家卫生研究院等政府部门（占政府研究与发展预算的99%），必须依法实施"小企业创新研究计划"，每年拨出其1.25%的研究发展经费支持小企业技术创新与开发活动。到1995年，参加中小企业创新研究计划的有11个机构，提供拨款55亿美元。

另外，美国联邦政府先后于1983年和1994年设立了"小企业技术创新奖励项目（SBIR）"和"小企业技术转让奖励项目（STTR）"，支持中小企业的技术创新。技术创新奖励项目分三个阶段：（1）对小企业技术创新的构想和可行性由联邦有关机构进行评估，如被认可，则在6个月之内可获得最高额为10万美元的资助奖金；（2）对完成第一阶段工作进入批量生产阶段的项目给予最高额为75万美元的资助资金；（3）技术创新成果进入批量生产，实现商业化，资金可由商业贷款解决。小企业技术转让奖励项目由国家科学基金会等5个部门负责，旨在推动非营利性科研机构向科技型小企业转让科技成果。该项目分为三个阶段：（1）论证科研产品是否具有商业开发价值，如论证通过，可在1年内获得10万美元以内的资助奖金；（2）确认第一阶段的商业潜力，如被认可，本年内可获得50万美元以内的资助奖金；（3）研究成果市场化阶段，所需资金由商业贷款解决。

美国在帮助中小企业融资方面，中小企业管理局可以向小企业提供贷款帮助。贷款一般有三种形式：一是直接贷款。由小企业局直接拨付，但比重较少；二是协调贷款。和地方发展公司、金融机构协商为小企业提供贷款；三是担保贷款。美国小企业局很少直接向个别公司或个人提供贷款，主要是以担保人身份出现的。小企业局对担保的贷款金额上限为90%，一般不超过75万美元，平均数为24.28万美元，平均期限是11年。

2. 日本

日本利用财政与金融政策，对中小企业产品开发研究和技术实验进行大力的扶持，推进中小企业技术开发方面扩大产学研的合作，不断优化中小企业技术创新活动的环境。

在财政政策方面，为帮助中小企业技术创新，日本政府制定并实施了一系列的财政补贴政策。首先，实施"重要技术研究开发费补助金制度"。该制度从20世纪60年代起开始实施，规定对一般项目政府补助1/2的经费，对环保和节能项目补贴最高可达3/4的经费。20世纪80年代以后，日本政府又规定对中小企业有利于地方产业发展的技术开发费用，由国家财政与地方财政补贴1/3至2/3。其次，实行"构思阶段技术开发补助金制度"。日本通产省1997年度技术开发政策重点中，设立了5.15亿日元的对构思阶段技术开发进行补助的制度，用以支持中小企业特别是高科技型中小企业进行技术开发，并对处于基础应用阶段的构思技术或自有技术的技术开发进行资助。另外，政府还通过认购中小企业为技术创新自己不足发行的股票和公司债券，来扶持中小企业的技术创新活动。

在金融政策方面，日本政府针对中小企业信用薄弱而资金不足的情况，建立官民结合、健全完善的中小企业金融体系，通过多种渠道为中小企业发展及技术创新融资，为中小企业提供各种形式的贷款。首先，日本政府设有直接控制的专门面向中小企业服务的金融机构，主要有国民金融公库、中小企业金融公库、商工组合金融公库等。它们为中小企业的发展及技术创新提供专门优惠贷款服务。平均每年由中小企业金融公库和国民金融公库贷给中小企业的专款大约为5.1万亿日元到5.5万亿日元。其中，由国民金融公库贷给小企业的专款为5500亿日元，商工组合中央公库平均每年对中小企业贷款的净增额约为6000亿—7000亿日元。其次，从20世纪50年代中期开始，日本对引进国外新技术、普及新技术的企业，实行"国家新技术工业化贷款制度"，其所需资金由银行优先贷款，并专门成立了开发银行，为企业进行技术开发提供长期的低息贷款。最后，日本鼓励的民间银行（包括普通商业银行和专业银行）为中小企业技术创新提供金融服务。在普通商业银行和专业银行中，都设有专门为中小企业提供融资的中小企业金融机构，包括相互银行、信用金库、信用组合等。

3. 法国

为帮助中小企业克服技术短缺的困难，提升中小企业的技术创新能力，法国政府采取如下财政与金融扶持措施。

（1）为鼓励高科技人员到中小企业工作，实行"研究人员聘用补贴"制度。1988年，法国政府创立的"研究人员聘用补贴"制度，适用对象是500人以下的中小企业，政府补贴额相当于一个研究人员研究经费的50%，初定为17.5万法郎，1990年，提高到20万法郎，如果企业需要增聘研究人员，每增聘一名，可获奖金15万法郎。另外还规定，凡到中小企业任职两年以上的研究人员，都可得到相当于一年工资总额的红利。允许创办时间在15年以内的中小企业，以优惠的价格向参与企业科技开发的高科技人员出售"企业创建者股票认购证"，这一办法主要适用于有高科技潜力，但又无财力聘用高科技人才的中小企业。

（2）实行"技术咨询补贴"制度。为鼓励中小企业接受技术咨询，法国政府采取"技术咨询补贴"的措施中明确规定：企业接受专家的技术咨询，政府补贴额相当于企业咨询费的50%，但上限不超过2万法郎；企业聘用外部专家解决创新项目中的技术难题，也可享受这种补贴，政府补贴额相当于企业咨询费的50%，但上限不超过1.5万法郎。

（3）向中小企业提供无息贷款。法国政府每年通过国家技术交流转让中心（ANVAR）向中小企业提供约14亿法郎的无息贷款，资助额占每个资助项目总费用的50%，项目成功后，企业返还全部资助，如项目失败，经专门的评估机构评估确定后，可以不偿还。国家技术交流转让中心支持的中小企业中80%的企业员工人数在100人以下。

（4）提供"创新资助金"。首先，政府鼓励研究人员创办技术型企业，这类企业可以向国家技术交流转让中心、国土整治局、地区行动局等机构申请诸如资助、补贴、风险担保等多种形式的援助。例如，国家技术交流转让中心向创建不久的科技型中小企业提供"创新资助金"，1987年就资助创办不足三年的科技型中小企业702个，金额达2.08亿法郎。同时，为了鼓励中小企业加强科研和使用新技术，法国政府设有专门为中小企业推广新技术的资助费用。国家科研推广局不仅向中小企业提供科研贷款，而且当中小企业在遇到技术开发难题时，还可向其申请津贴，最高可达投资的70%。政府还免费为中小企业提供技术咨询服务，并简化专利申请手续，减少申请专利费用，促进金融机构和中小企业的科研方面的合作，即"技术—资本"联合。

4. 德国

联邦德国对中小企业的财税与金融政策支持，主要集中在财政补贴、信贷优惠、鼓励风险投资等方面。

早在1979年，联邦德国就实施了鼓励中小企业增加自有资本的专项纲要，对中小企业增加自有资本进行技术创新给予补贴，同时对新建中小企业提供期限可达20年的贷款。1983—1989年间，国家对新建的5.6万家中小企业提供了约28亿马克的补贴。

联邦德国政府还颁布了《关于中小企业研究技术政策总方案》等有关文件，促进中小企业的技术创新与技术改造，并扩大对中小企业技术创新的资助。政府规定，具备一定的技术水平和产品有市场前途的中小企业，其研究和发展所需的资金，政府可以贷款方式补贴 15%；如企业购买专利，可补贴 30%；采用新技术的新创企业，政府对其研究费用的补贴比例可提高到 75%。

在直接贷款方面，联邦德国还设立了"欧洲复兴计划"和"新企业投资项目"，以解决中小企业创建和技术改造时资金不足的问题。如"新企业投资项目"规定，凡是投资额在 12 万西德马克以下的新企业的创建者，只要通过专家咨询，拥有所需投资额 12% 以上的自有资金，就可以从"项目"获得补助资金，最多可占总投资额的 1/3。这笔贷款第一年利率仅为 3%，第二年为 4%，以后固定为 6%。一些专门的发展机构在为中小企业提供融资支持方面起着重要作用，以鼓励创办企业、支持合资企业推广新技术。如德意志政策性银行通过商业银行放贷给企业，为创业企业家和中小企业提供金融援助。银行还可作为投资者参与购买中小企业股权，扶持高科技公司的技术创新。

德国统一后，联邦德国的一切法律制度和政策也同样适用于前东德地区的中小企业，技术创新优惠政策更为宽松。从 1990 年起，联邦教研部通过历时 4 年的"东部地区合同研究开发计划"，向东部地区中小企业提供资助。例如，从 1992 年 3 月起，德政府开始对东部地区中小企业新产品、新工艺的研究开发工作给予资助，到 1995 年底，已对 798 家企业的 1018 个项目提供的资助高达 2.2 亿马克。

德国经济部在 1990—1993 年间，制订出"适应欧洲"的计划，目的在于帮助中小企业适应欧洲市场，并在欧洲统一大市场中发挥作用。这个计划的主要设想是为产业部门和产业研究机构扩大对中小企业的咨询和信息帮助、鼓励中小企业参加展览会和交易会提供资助。政府对这一计划的拨款一年约为 2500 万—2700 万马克。

自 1994 年 8 月起，德国政府实施了一项"创新信贷计划"，目的在于间接资助中小企业及其与研究机构间的合作。根据该计划，政府将以低息贷款的形式资助年销售额不超过 5 亿马克的中型企业在研究开发新产品、新工艺过程中所投入的创新费用；对年销售额不超过 4000 万马克的小企业，除资助创新费用外，还资助投入市场的费用。

5. 欧盟

根据欧盟马德里会议通过的《欧盟中小企业白皮书》的精神，欧盟采取了一系列财政与金融措施，提高中小企业技术创新能力和竞争力。

欧盟从 1983 年推出了第一个促进企业技术创新的规划，后来经过逐步发展，1989 年，发展成为一个跨地区、跨部门、范围广泛的"欧盟的创新行动计划"，主要目的是促进成员国在信息网、合作网、企业技术创新等方面的交流与合作。它从创新文化、创造有利于创新的环境以及建立研究开发的有机联系等方面，全面阐述了欧盟对创新的认识，具体内容包括：通过改进教育与培训，鼓励人员流动，改善企业管理，促进政府行政管理部门和公共部门的创新等，来提高全社会的创新意识，发展创新文化；建立有效的知识产权保护体系，改进立法和提高行政效率，使从事创新的机构和框架人员能更容易地得到在创新各个阶段所需的信息、资助和激励，从而创造有利于创新的环境；增加 R&D 的投入，鼓励企业的研究开发活动，提高工业合同研究在公共研究机构和大学的研究中所占的比例，支持企业与公共研究机构和大学的合作研究开发，鼓励科技人员创办技术型企业等。

1989 年，欧盟又实施了旨在加强工业企业技术开发和使用科研成果的"VALUE 计划"，在该计划中，为鼓励中小企业利用科研成果，特设立两项奖励：探索奖和技术交流奖。探索奖每项约为 7000 欧元，主要鼓励那些积极与研究单位取得联系，并签订伙伴关系或合作关系的中小企业；技术交流奖最高可达 10 万欧元，主要是补贴中小企业使用科研成果进行技术创新的费用。

1996 年 12 月 9 日，欧盟部长理事会通过了"欧盟第三个中小企业多年度计划（1997—2000）"，该计划总经费1.8亿欧元，包含了许多支持中小企业技术创新的措施，这些措施包括：支持有发展潜力的中小企业，重点是企业的战略管理培训和企业的国际化；支持高新技术企业的发展，鼓励和促进私人资本投向高新技术企业；通过鼓励中小企业参加欧盟的研究开发和创新计划，重点促进信息技术在中小企业中的应用。

欧洲工业合作研究组织联合会（FEICRO）、欧洲合同研究组织协会（EACRO）1996年还提出了关于"中小企业参与第五个研究与开发总体规划"的建议文件。欧洲科技大会也呼吁在第五个总体规划制定时，要高度重视中小企业的需求，尤其是对人员培训和科技人员的需求。1996年9月20日，欧盟委员会公布了关于起草第五个总体规划的工作文件，提出了作为专门计划的六个内容，其中之一就是中小企业的参与和创新。

为鼓励支持中小企业参与高新技术研究与开发，欧盟还制订了其他专门的政策：一是对两个中小企业之间的合作，在起草项目建议书时进行市场调查、项目可行性研究、合作伙伴寻找等方面所需的费用，欧盟提供部分补贴；二是建立专门服务于那些没有研究能力的中小企业的研究机制，使中小企业能依靠一个或几个研究机构、大学完成部分或全部的研究工作。

此外，欧盟的就业、教育、培训政策和计划也将重点面向中小企业，并探索中小企业培训的模式和经验，以保持中小企业的长久竞争力。资助的方式是直接的，如中小企业购买专利、生产许可证和关键技术及相应设备，小企业可获15%的费用资助，中型企业可获7.5%的资助。对中小企业寻求咨询和人员培训，计划可提供50%的经费资助。对人员少于50人的小企业，在贷款额低于2500万欧元时，欧盟投资基金可提供50%的担保，如资本是跨国的，基金可提供75%的担保。

6. 其他国家和地区的主要经验

（1）意大利。为支持中小企业的技术创新，意大利成立了扶持中小企业的基金，这是一种滚动基金。最初，这项基金是1982年的"技术创新特别滚动基金"。这项基金的宗旨是支持中小企业采用可以生产新产品、可以改进现有产品、可以更新生产流程、可以改进现有生产工艺的重大先进技术。例如，1983年意大利政府向雇员在300人以下、技术设备额不足115亿里拉的中小企业，以优惠的价格出售或出租数控自动化设备和电脑控制装置。1991—1995年，又为这项基金增拨款15140亿里拉。而且，还设有"鼓励中小企业和手工业、促进微型企业现代化备用金"，只要是符合政府界定的中小企业，都可以获得资金支持。特别鼓励技术创新，鼓励小企业组建联合体和联营公司。此外还对创新与开发金融公司进行扶持，向为小企业获得贷款提供担保的集体担保组织提供补贴，对中小企业走向国际市场提供优惠。

此外，为了鼓励中小企业使用新技术设备，意大利政府规定凡是购买先进机器、实行生产流程自动化的中小企业，可享受购买价25%的国家补贴，对南方中小企业的补贴率甚至高达32%。1982年，意大利政府设立费用研究专用基金，主要用于中小企业的技术发展和应用研究项目。如向中小企业转让技术和革新成果，帮助和支持企业制订应用研究计划，帮助和支持中小企业的其他研究中心或实验室进行应用研究等。政府还成立了南方金融租赁公司，专门向南方中小企业优惠出租价值在2.5亿里拉以上的生产设备。

（2）韩国。20世纪70年代中期后，支援中小企业的技术开发问题成为韩国的政策性课题之一。1977年韩国政府制定了新技术开发企业的放贷资金制度。从1978年开始通过中小企业特别资金支持政策，目的是支持将新技术应用到生产中去的中小企业，促进它们进行新产品的开发、原有产品的革新、制造工艺的创新等。这项资金的特点是贷款期限长而利率低，得到资金者应是加入中小企业协同组合的企业，除经商工部严格审查外，还应满足以下条件：获得发明专利或进行应用方案注册的技术；国家公立研究机构发明的新技术；得到国家公立研究机构推荐的企业自身开发的新技术。

一般情况下，每个企业得到此项资金的金额不能超过 2 亿韩元。

1983 年 5 月韩国政府又制定了"发掘并支援有发展前途的中小企业制度"，开始发掘事业性良好、具有潜力的、有前途的中小企业，如尖端技术保留企业、地方特色企业等，对它们进行资金支援时，采取低利息和优先支援措施，同时进行技术指导和情报的提供等，向中小企业提供最大限度的服务。从 1984 年开始，以中小企业振兴基金方式支援中小企业创业，创业资金的支持范围包括创业一年以内的企业，促进了技术集中性中小企业和农村地区中小企业的发展。1986 年，又积极实施低利息的长期性资金——"提高产业技术资金"制度。

（3）新加坡。新加坡政府在鼓励发展高科技中小企业政策中规定，凡投资于高科技工业而持续 3 年亏损的中小企业，可获得 50% 的投资补贴；凡为实行机械化、电脑化而对工厂设备和机器进行新的投资者，可获 3 年的累计折旧补贴；凡投资于"技术开发与研究"的固定成本（建筑物除外）可享受 50% 的投资补贴。

新加坡政府还对中小企业采取拨款和优惠贷款的方式，为"产品发展援助计划拨款"，1992 年，该项援助计划拨款达 130 万新元，1993 年，又增至 260 万新元。政府经济发展局还设立创业基金，初创时基金只有 1 亿新元，到 1998 年，增至 26.4 亿新元，多家中小企业从中受惠。

（四）建立中小企业信用担保体系

建立中小企业信用担保体系，是世界各国优化中小企业技术创新融资环境的通行的做法。

信用担保体系作为金融服务体系的一部分，对缓解中小企业技术创新融资困难、强化信用观念、化解创新风险、促进中小企业的技术创新起着重要的作用。许多经济发达的国家，为了促进和扶持中小企业的技术创新和发展，建立了较为完善的中小企业技术创新信用担保体系，为我们提供了宝贵的经验。

1. 世界各国中小企业信用担保体系的基本类型

世界上各个国家和地区的中小企业信用担保体系因国情不同，其运作方式多种多样，运作主体既有政府部门，也有协会、公司和专门银行等。但是，它们的共同特征有三个：一是政府出资、资助和承担一定的补偿责任。二是担保体系和机构绝大部分由政府负责中小企业的部门负责组织和管理。三是都设有专门从事中小企业担保的商业性担保公司。各个国家和地区的中小企业信用担保体系，由于资金运作方式、操作主体和目的的不同，其模式和类型也有所不同。

（1）按资金运作方式分为两类。一是实收制的中小企业信用担保体系。其特征是：以实有资金作为事前保证；将担保资金存入协作银行；发生损失后由专门账户直接拨给银行作为补偿。采取此类体系的国家和地区有：日本、韩国、泰国、印度尼西亚和中国大陆以及台湾、香港等。加拿大联邦区域性中小企业担保体系也属于此类。其优点是：政府仅以出资额对担保机构承担有限责任；担保机构以担保资本金为限承担担保风险；以担保机构为主决定是否担保；政府、担保机构、银行、企业之间的关系明确，有利于担保机构独立进行市场化运作和担保风险的事前控制。其不足是：中小企业申请取得担保和贷款的手续复杂一些，如责任不明确，则协作银行有可能会出现转嫁贷款风险的行为。

二是权责制的中小企业信用担保体系。其特征是：以事前承诺作为保证的事后补偿；一般对协作银行采取授信管理；发生损失后由银行向担保机构申请补偿。采取此类体系的国家和地区有：加拿大（区域担保除外）、美国、英国等。其优点是：中小企业申请取得担保和贷款的手续简单；协作银行的责任心相对较强；以协作银行为主决定是否担保；政府不必事先出资，减轻当期财政资金支出的压力。其不足是：政府以承诺方式对担保机构（间接地对被担保企业）承担连带责任（无限责任）；担保机构以保证方式承担担保风险；政府与担保机构之间的关系不明确；担保机构以政府身份进行运作；不利于担保风险的事前控制。

（2）按实施主体分为两类。一是政府直接操作型的中小企业信用担保体系。其特征是：由政府专门的行政机构负责操作，大部分直接由负责中小企业的政府部门操作，也有的在主管中小企业的部门中专设一个中小企业信用担保管理部门。采取此类体系的国家和地区有：美国（联邦小企业管理局）、加拿大（联邦工业部中小企业贷款管理局）、英国（贸工部中小企业贷款担保办公室）、中国香港（特区政府工业署与出口信用管理局）等。

二是市场公开操作型的中小企业信用担保体系。其特征是：设立独立于政府之外的法人实体进行操作，政府部门不能直接从事和干涉具体担保业务。采取此类体系的国家和地区有：日本（日本中小企业信用保险中央公库和52个区域性中小企业信用保证协会）、中国台湾地区（中小企业信用保证基金）、德国（区域中小企业信用保证公司）、法国（国家中小企业担保公司）、意大利（中小企业信用保证协会）、奥地利（国家担保银行）等。

（3）按担保目的分为两类。一是政策扶持型的中小企业信用担保体系。已开展中小企业信用担保业务的大部分国家和地区均属于此类。世界各国一般都把建立和实施中小企业信用担保体系，作为政府扶持中小企业发展的政策体系和社会化服务体系的重要组成部分。其特征是政府出资或资助建立中小企业信用担保体系。

二是社会互助型的中小企业信用担保体系。世界各国中不组建政策扶持性担保机构，只推行社会互助型中小企业信用担保体系的国家较少，仅有埃及（由银行与保险公司及中小企业共同组织的中小企业互助担保公司）和葡萄牙（中小企业协会）等少数国家。但是，也有一些国家和地区在政策扶持型中小企业信用担保体系之外，同时开展社会互助型中小企业担保业务。

除上述国家和地区中小企业信用担保体系外，欧洲投资基金（EIT）是世界上第一个国际性中小企业信用担保机构。欧洲投资基金总部设在卢森堡，其资金由欧洲投资银行、欧盟和其成员国的银行以股权提供，选择 15 个成员国的 25 个商业银行作为协作银行（如果发生风险，协作银行与欧洲投资基金各承担 50% 的责任），为雇员在 100 人以下的欧盟境内中小企业提供信用担保服务。

2. 外国中小企业信用担保体系的基本程序和通行做法

（1）各国中小企业信用担保体系的基本操作程序主要有以下两种。一是政府直接操作型中小企业信用担保体系的操作程序：银行向政府机构申请作为协作银行——政府机构批准申请并给予授信额度——在额度内由银行自主决定担保贷款——银行发放担保贷款后将收取的担保费上缴政府机构——发生不能清偿时，协作银行向政府机构申请补偿——政府部门经审查后按规定比例补偿。

二是市场公开操作型中小企业信用担保体系的操作程序：银行向政府机构申请作为协作银行——担保机构将担保资金存入协作银行或中央银行指定的银行——银行收到企业贷款申请认为需要担保时，由企业向担保机构申请担保——担保机构同意出具保函并收取担保费——发生不能清偿时，担保机构经审查后按规定比例直接补偿银行——如有再担保机构（信用保险机构）则由担保机构申请再担保（保险）。

（2）各国中小企业信用担保体系的通行做法如下。

一是有明确的担保资金预算。一般由中央和地方政府编列中小企业信用担保资金预算。担保资金纳入政府年度预算额度最多的国家是：美国（每年 2 亿美元）、日本。

二是确定担保放大倍数。担保资金（或承诺保证）的放大倍数一般在 10 倍左右。担保放大倍数最高的是日本（60 倍）、美国（50 倍）。

三是确定担保机构和协作银行承担责任比例。担保机构一般承担 70% ，其余部分由协作银行承担。担保机构承担责任比例，法国是 50% 、日本是 50%—80% 、德国是 50%—80% 、美国是 80% 、加拿大是 85% 。

四是明确担保贷款期限。多数国家都是对中小企业的长期银行贷款提供担保，所以担保期限较长，一般都在 2 年以上，最长的是美国（17 年），最短的是中国（3 个月至半年）。

五是确定担保收费。多数国家一般为 1% 左右，最高的是美国（4% 左右），加拿大（3%）；最低的是法国（0.6%）、中国及台湾地区、香港特区（0.5% 左右）。

六是明确担保贷款限额。一般都有最高限额，如美国为 75 万—100 万美元、加拿大为 25 万加元。

七是确定协作银行。大多数国家都规定了协作银行从事中小企业信用担保业务的条件和要求。协作银行最多的是美国（8000 家）、加拿大（1500 家）。

八是担保风险的控制。政府直接操作型一般采取事后管理，通过对协作银行实施授信管理来控制风险，但是操作难度较大。市场公开操作型一般采取事前管理，以担保资金的放大倍数来控制风险。

3. 有关国家和地区中小企业信用担保的具体做法

据加拿大卡尔顿大学的学者统计，截至 1999 年 8 月底，全世界已有 48% 的国家和地区建立了中小企业信用担保体系。从已收集到的 30 个国家和地区有关中小企业信用担保体系的资料看，按其成立时间的排序是：日本、美国、德国、加拿大、意大利、马来西亚、中国台湾地区、韩国、西班牙、英国、法国、芬兰、荷兰、奥地利、瑞士、葡萄牙、卢森堡、比利时、菲律宾、印度尼西亚、尼泊尔、新加坡、泰国、印度、匈牙利、波兰、保加利亚、埃及、中国香港特区、中国大陆。现将比较有代表性的国家的做法简要介绍如下。

（1）日本。在世界各国中，最早开始建立中小企业信用担保体系的国家是日本。1937 年，日本就成立了地方性的信用担保组织——东京中小企业信用保证协会，到 1952 年，日本逐步设立了 52 个信用保证协会。1953 年，日本颁布实施了《信用保证协会法》，在法律的规范下，日本设立了全国中小企业信用保证协会联合会，1955年，该协会经过改组，在全国47个都道府县，5个市均设有分会。总的来说，日本的信用保证协会采取的是民间社团法人的组织形式，资金一部分来源于地方政府的依法财政拨款和低息拆借，另一部分来自金融机构的捐款。日本担保协会的业务分为"普通担保"和"制度担保"两类。普通担保属于商业性担保，具有营利性，被担保人不享受任何优惠。"制度担保"属于政策性担保，因此可在再担保以及收费方面享受优惠，但是这类担保的被担保项目需要符合国家和地方政府的某一项或几项产业政策，中小企业的技术创新、研究开发等即属于此类担保。

1958年，为了进一步提高贷款担保能力，政府还全额出资成立全国性的信用担保组织——日本中小企业信用保险公库，对信用保证协会进行再保险。当中小企业在保证协会的保证下从金融机构取得贷款后，保证协会可在保险公库将其相当于担保贷款的金额进行再保险，并按规定支付保险费。由于保证协会向保险公库投了再保险，所以当中小企业因某种原因届时无力偿还时，保证协会则从保险公库领取相当于偿还金额70%—80%的保险金，代替中小企业偿还。当再从中小企业收回欠款时，则如数归还保险公库。信用保证协会和保险公库的建立，大大增加了中小企业从民间银行取得的贷款。从而使日本形成了中央与地方共担风险、担保与再担保（保险）相结合的全国性中小企业信用担保体系。

概括来讲，日本的担保体系是以民间的"信用保证协会"为主体，政府的"中小企业信用保险公库"为支撑，政策性业务与商业性业务相并存的体系。其运行模式有如下特点：第一，担保机构采取政府扶持、层次分明的网络状民间的组织形式；第二，按性质区分业务种类，不同类型的业务采取不同的政策；第三，以担保与再担保相结合的方式分散风险；第四，政府全力支持并给予免税优惠。

（2）奥地利。奥地利在 20 世纪 50 年代由联邦政府出资成立了勃格斯坦担保银行、奥地利调控银行、奥地利财政担保公司（FGG）等全国性担保机构。到 20 世纪 60 年代，全国 9 个州均相继成立了由州政府出资的区域性担保机构，由此奥地利形成了全国性担保机构与区域性担保机构相结合的担保机构体系。

奥地利的担保机构不对贷款的本息实施全额担保，贷款银行自身至少要承担 15% 的风险。奥地利的担保机构在业务领域以及单个项目的担保限额上有明确的业务分工。

奥地利联邦政府和州政府还通过建立一些风险基金分散担保机构的风险。例如，"东西方基金"为（FGG）分散风险，"奥地利欧洲恢复计划信托基金"（ERP 基金）替勃格斯坦担保银行分散风险。此外，奥地利的担保机构还普遍与企业约定，在项目成功以后从收益中收取一定回报以建立机构内部的风险补偿基金。

概括来讲，奥地利的担保体系是以国有担保公司为主体，政府建立的风险基金为保障，单一的政策性业务（如技术创新）为主要内容的担保体系。其特点表现为：第一，以财政为依托，这是其最为显著的特点。因为无论是担保机构还是风险的分散与补偿基金都是由财政投资建立的；第二，担保机构采取相互独立（或称作单元制）的公司法人形式，且基本上以公有性质为主；第三，全国性担保机构与区域性担保机构相结合，各机构的业务有明确分工；第四，不以营利为目的，只从事政策性业务①。

（3）美国。美国政府 1953 年开始建立中小企业信用担保体系。根据中小企业技术创新的不同需求，美国政府向中小企业提供贷款担保主要有：①为中小企业提供创业经营资金和技术创新资金的"长期贷款担保"、"简化手续贷款担保"、"CAP

---

① 谷慎：《对建立我国中小企业担保体系的设想》，《经济问题探索》2000 年第 3 期。

Lines 贷款担保"及"微型贷款担保"。②为中小企业提供国际贸易贷款担保、出口风险贷款担保及向购买美国产品的外国进口商提供多种贷款。③鼓励私营金融机构向中小企业贷款、投资，向从事中小企业投资的私营投资公司提供贷款担保；开设第二市场，允许向中小企业技术创新提供贷款的金融机构在该市场上自由买卖政府的担保权，以提高资金的效益和流动性。中小企业通过政府担保，不仅可以获得贷款，而且在贷款期限、利率等方面也可以有优惠。

（4）韩国。1961 年，韩国中小企业银行设立时就引进了"信用保证制度"，该制度在补充完善中小企业技术创新融资体系，发挥了重要的作用。1964 年 7 月，韩国政府又制定了信用保证预备金运用大纲，允许在积蓄预备金的 10 倍范围内办理附加保证贷款。1967 年 3 月，韩国政府把此制度进一步发展为"中小企业信用保证法"，设置了以中小企业银行积蓄的信用保证预备金以及政府的投资金和保证金为财源的信用保证基金，并指定中小企业银行为基金管理机构。

（5）法国。法国的 SOFARIS 是中小企业发展银行所属的风险担保公司，它的主要任务是为中小企业创新和发展提供担保，主要工作方法是通过与商业银行的合作为中小企业提供合作投资、担保投资与其他投资。SOFARIS 担保基金是每年通过预算由国家提供，主要来自职业的投资机构和互助性的行业组织，其中，中小企业发展银行占 43.14%，互助性的行业组织——协会的信贷占 35.25%，保险公司占 11.66%，其他占 9.95%。SOFARIS 担保基金只是针对银行投资进行担保，以减少投资银行的投资风险，又不完全替代投资银行的风险责任。它的作用是双重性的：一方面承担部分投资风险，风险率为 20%，承保额为 50%，即担保基金所承保的投资总额放大 10 倍；另一方面直接作为合作投资的一部分。1999 年，法国 SOFARIS 担保基金为 14 亿法郎，担保总额 140 亿法郎，最终吸引投资总额 440 亿法郎。共接受 4.4 万家企业的项目，占到全法中小企业投资总额的 1/4。

　　随着各国中小企业信用担保体系的迅速发展，旨在促进各国中小企业信用担保机构之间相互交流的国际性组织也开始出现。在亚洲，成立于 1988 年 10 月的亚洲中小企业信用保证协会（也称亚洲中小企业信用保证制度实施机构联盟），是世界上第一个有关中小企业信用担保方面的区域性国际组织。在欧洲，欧盟为促进成员国之间的融合、创造就业机会和刺激民间投资，于 1994 年成立了欧洲投资基金（EIT），并在 15 个成员国中选择了 25 个商业银行作为协作银行，为中小企业提供信用担保服务。在美洲，已开展中小企业信用担保的国家，也于 1996 年开始交流各国实践经验并研究区域性合作问题。

（五）税收优惠

　　运用税收优惠来促进中小企业技术创新，也是各国较普遍采用的一项重要政策措施。相对于大企业来说，中小企业的技术创新活动从外部吸收资金是比较困难的，并且自有资金有限，技术创新活动投资面临的风险较大。因此，很多国家在中小企业技术创新活动中的投资、研究和技术开发以及科研成果的推广应用和商业化等环节上都采取了一些相应的税收优惠措施，鼓励中小企业进行技术创新活动。有些国家尽管没有就中小企业的技术创新制定单独的税收扶持政策，但各国对企业技术创新的税收优惠无一例外地涵盖了中小企业，而且在其他税收优惠政策如高科技园、孵化器、技术推广中心的税收优惠中都涉及对中小企业的税收优惠。实践证明，利用税收这个重要的经济调控杠杆来促进中小企业的技术创新活动，不仅易于操作，而且富有成效。综观各国扶持中小企业技术创新税收优惠政策，其特点主要有如下几点。

　　（1）政策针对性强。各国政府都充分认识到中小企业的技术创新在本国经济发展中不容忽视的作用，以及它们作为弱势群体本身的脆弱性和生存环境的相对恶劣性，相关的税收政策都明确针对中小企业融资困难、管理成本高、竞争力弱等方面，使中小企业真正成为政策制定的出发点和受惠者。

（2）政策内容系统、全面。很多国家支持中小企业技术创新的税收政策大多贯穿了中小企业创办、发展、转让等诸环节，并涉及了流转税、所得税、财产税等多个税种，内容系统完整。

（3）政策手段多样，力度大。各国支持中小企业技术创新的税收政策不仅形式多样，如减免税、亏损抵补、再投资减税、税收抵免、增加费用扣除等，而且力度相当大。这样，通过广泛的政策选择空间和强有力的政策力度，使得不同类型、不同性质的中小企业能够真正从中受益，也使得政府所提供的扶持中小企业技术创新的税收优惠政策能够确实发挥作用。

1. 美国的经验

（1）科研税优惠。早在20世纪50年代，美国就开始实行特别的科研税收优惠政策，该优惠措施被列入美国的国内收入法典。其主要内容是：凡用于科学研究和实验设计的费用，企业可以作为日常生产费用，或者从应税所得中一次性扣除，或者在若干年内从全部所得中扣除。后来，为促进企业进行新技术的研究与开发，美国联邦政府用企业科研费用增长额与税收冲抵等措施，来鼓励中小企业的技术创新和科研成果转化。该措施是由1981年税制改革法颁布实施的，具体内容包括：以公司当年科研费用减去基期（一般为前3年）年均科研费用差额的1/4来冲抵当年应纳所得税额，但上述差额不得超过基期全部费用的50%。对政府来说，与其他税收措施相比，这项优惠政策对私人科研活动的刺激相同，但花的代价较小，影响联邦税收不会太大。

1986年的税制改革对涉及公司科研中用的税收优惠进行了进一步的修改，进一步明确了优惠的范围，规定只有为开发新产品、新工艺以及旨在改进机器设备操作特性而支出的科研费用才能享受冲抵优惠，改变产品型式或形状及次要特性的费用不予冲抵，以保证该措施真正达到预期效果。

（2）提高企业的技术装备优惠。为了提高企业的技术装备，从 1962 年开始，美国对技术装备投资实行减免税政策，允许对新设备的投资直接冲抵其应纳所得税额，并规定只有在新设备交付使用后，公司才能享受此项优惠。此项措施的实施既有利于提高公司内部积累中未分配利润的比重，也为公司依靠自有资金扩大新设备投资创造了条件。

20 世纪 80 年代以来，美国采取加速折旧法对提高企业的技术装备采取了更为积极的政策。它包括：缩短原折旧法规定的固定资产折旧提成年限，建筑物从原来的 21 年缩短为 10 年，生产设备从 7 年缩短为 5 年，车辆从 5 年缩短为 3 年；取消原折旧法中鼓励对非生产用固定资产投资的有关规定，加快包括科研设备在内的生产用固定资产的更新速度；实行"特别折旧"制度，允许公司在投资后的 1—2 年里对新购置使用的固定资产提取高比例的折旧，对某些设备在其使用年限初期实行一次性折旧。

20 世纪 90 年代，克林顿政府宣布对企业的 R&D 投资给予永久性税额减免的优惠待遇，并将中小企业的先进技术长期投资收益税降低 50%，进一步促进了中小企业的技术创新活动。

2. 加拿大

加拿大政府特别重视中小企业在技术创新等方面的优势和实际困难，为了支持中小企业技术创新和发展，专门制定了《小企业减税法》。此外，在加拿大的《小企业减税法》以外的税收法规中，对中小企业技术创新也有着诸多优惠。主要包括：

（1）降低税率。加拿大税法规定，个人拥有的特别小的企业和专业技术人员拥有的小企业，适用个人所得税政策；公司所得税政策则适用于所有注册为公司法人的中小企业。为了使小企业有更多的税后资金进行投资和扩张，对于由加拿大人控制的、资产少于 1500 万加元的企业，第一个 20 万加元收入，联邦政府征收的公司所得税税率由 29.12% 降为 13.12%，降低了 16 个百分点。省级政府征收的公司所得税税率平均从 14% 降为 8%，降低了 6 个百分点。

（2）科研与技术开发投资税收抵免。加拿大政府规定科学研究和技术开发支出（包括经常性支出和资本性支出，但不包括建筑物支出）的20%可以享受税收减免，以抵扣应缴的税款，未用完的减税额可以延长到前3年或后7年。对上年应税收入少于40万加元、应税资产少于1500万加元的小企业，对其支出的第一个200万加元全部返还，其他经常性支出和资本性支出则返还40%。

另外，对于收入少于20万加元的小企业，提供更长期的税收缴纳宽限期；特别小的企业，并不需要按月缴纳税款。支持小企业雇员与雇主之间设立期货式的股权合约，企业股票出售时雇员优先购买。如果股票被持有2年，按其收益的75%计税。这样做的目的就是为了鼓励雇员参与小企业的经营管理并支持小企业吸引和留住高技能人员。

3. 日本

日本在第二次世界大战后一直对中小企业实行税收优惠政策，并不断根据实际情况的变化加以调整。其中，在促进中小企业技术创新方面，日本政府采取了如下税收措施。

（1）实施中小企业技术基础强化税制。为了促进中小企业的技术开发，从1956年开始，海外技术转让或提供工业所有权（商标权除外）及专利知识的收入，其28%可按损失金额计算；提供咨询服务的收入，其16%可按损失金额计算。为了进一步调动中小企业开展技术创新的积极性，日本政府于1985年又制定了《中小企业技术基础强化税制度》，该制度规定，中小企业每年可从法人税或所得税中扣除该年度投入试验研究费总额的6%，但扣除额不能超过法人税或所得税的15%。

（2）增加试验研究经费的税额抵扣。日本政府于1967年制定了《增加试验研究费税额扣除制度》，该制度规定，当试验研究开发经费的增加部分，超过过去的最高水平时，则对增加部分免征20%的税金，但免征税额以不超过应缴法人税或所得税总额的

10% 为限。

（3）实行设备特别折旧制度，加速设备更新。在 1958 年至 1975 年间，日本成立"以新技术装备的企业所用的机械设备等特别折旧"办法，即以新技术装备的企业购置机械设备时，第一年可将价格的 1/3 计入成本。1976 年又制定精密机床特别折旧的办法。1983—1985 年又特别制定中小企业设备投资促进措施和中小企业新技术投资促进税。这些措施都极大地促进了日本企业技术装备的更新速度和现代化程度的提高。

（4）日本还对中小企业设立了许多特定技术创新项目准备金，如中小企业提升技术结构准备金等。对于提取的准备金款项，不计入当年的应税所得，年度终了使用有结余时可交回再提。这种办法，可以减少缴税或延缓缴税，充裕了企业掌握的自有财力。

（六）　健全的社会化服务体系

中小企业的技术创新活动，既需要捕捉技术源，引进有关技术，又需要掌握和利用外部技术作为企业内部研究开发成果的补充。为此许多国家政府鼓励并帮助中小企业建立各种信息服务、技术培训、咨询服务等机构，帮助中小企业诊断技术创新活动中存在的问题，并提出改进方案，提升中小企业技术创新能力，形成了完善的技术创新活动的社会化服务体系。下面分别将较有代表性的国家的做法介绍如下。

1. 发展中介组织，提供技术咨询

通过多层次、多形式和多种经济性质的中介服务组织，联系和扶持中小企业技术创新活动，为中小企业技术创新提供技术咨询服务，使中小企业的有关人员能够定期或不定期地参加学习、培训和交流，已成为国外政府提升中小企业技术创新能力的重要措施。下面对部分国家的做法作简要地介绍。

法国通过带有官方色彩的和大量民间的中介服务组织，在中小企业技术创新活动中给予间接的支持，发挥了重要的作用。（1）法国技术成果与发明转化中心。该中心是一个具有政府职能的非营利性服务机构，属国有性质的事业单位，主要职责是将技术成果介绍、转让给企业，帮助中小企业寻找技术合作伙伴，支持企业技术进步的合作计划等。中心建立以来为一大批有好项目但缺资金或有资金但无好项目的企业或个人牵线搭桥，找到了理想合作伙伴，并在资金上给予支持，使一批科研成果转化为生产力。国家每年拨给该中心21亿美元资金，专门用于扶持中小企业的创新，其中76%左右的资金用于支持50人以下的企业。（2）法国各地都有商会、创业者俱乐部、扩展委员会等群众社团组织。商会的主要作用是咨询和各种培训，帮助中小企业发展等。通过宣传和改进技术，督促中小企业提高产品质量，并利用现代通信技术和数据库向中小企业提供适用信息。通过协调与大企业的关系，加强与大企业的联系，促进中小企业的更快发展。为了开展人员培训和咨询服务，政府对为中小企业的人员培训和咨询服务在资金上予以支持，仅1990年用于这方面的费用就达5.6亿法郎。（3）法国创建全国性的中小企业创业服务咨询网络——企业创业协会。法国企业创业协会以帮助企业创业为己任，已经有20多年的历史。如今，在法国已经建立起各级地方的协会组织、专门从事创业服务的机构和一定数量的专职人员，形成了一个十分有效的网络。全国协会与地方协会在职责上有不同的分工。全国协会主要侧重于对地方机构的服务。其服务对象及主要服务内容：一是政府及各级行政管理部门，为其提供创业方面的信息和咨询，以利于政府部门指导创业工作；二是地方协会及专门从事创业服务的机构，为其提供创业信息和专业培训，培训内容主要有国家政策、融资手段、设计创业方案、具体组织实施、跟踪服务以及如何建立企业孵化器等；三是直接为创业者提供服务，这项工作近年来逐年减少，逐步下放到地方协会去办理。地方协会则主要负责创业企业的具体指导、咨询与跟踪服务。企业创业前，其主要工作有：帮助企业建立申请材料；帮助企业分析创立与发展的可行性；帮助企业申请小额贷款；协助银行审核贷款申请；帮助创业者解决社会保障等。企业创业后，地方协会要进行跟踪服务。主要内容有：帮助孵化企业转让；为企业提供财政贷款以及为极小企业提供贷款担保；帮助企业享受现代科学技术的信息手段——网络技术；帮助小企业提高产品质量，如 ISO 9000 系列的认证培训和组织；建立产品信息网络，有目标、有针对性地帮助中小企业高技术产品出口提供服务；提供企业员工培训；在创业企业必须破产时，快速帮助企业处理破产事宜，以尽可能地减少企业损失。在法国，创业企业一般要度过 3 年的创业期后才能够实现存活，未经过创业协会支持的创业企业只有 50% 能够度过 3 年创业期实现存活，经过协会支持的创业企业则大部分能够度过 3 年创业期。

美国政府非常重视社会中介组织在促进中小企业技术创新和成果转化中的作用，建立了一批中介组织，为中小企业技术创新提供信息、咨询、技术、人才培训等全方位服务。（1）创办"小企业发展中心"。美国的小企业发展中心由地区、州、联邦政府、私人机构和大学共同建立，向现有的和正在建立的中小企业提供面对面咨询、管理和技术援助等。小企业发展中心还在中小企业发展和创新中，协调中小企业与其他各中介机构、社会团体和政府关系的组织。小企业发展中心成员主要由志愿者和兼职人员构成，他们均来自专业贸易协会、法律与银行界、学术界、商会退休人员服务社。小企业发展中心无偿为中小企业提供资金、市场、技术创新、可行性研究、国际贸易等方面的帮助与咨询。目前，美国共有 57 家小企业发展中心，并在大学、学院、商会及经济发展社团内还设有分中心与卫星网点，从而形成全国性的网络化体系。（2）美国小企业管理局每年雇佣大量退休专业人员，成立了一个庞大的退休人员服务社。全国 12 万名有经验的退休专业志愿人员，分布在 390 个分团、270 个办事处向中小企业提供咨询服务，向寻求技术援助的小企业免费提供技术帮助与指导。（3）支持和赞助有关高等院校建立小企业研究所或不定期提供教师和研究生到各地进行现场技术咨询。另外，全美还设立了面向中小企业的咨询服务点 700 个，共有咨询培训服务人员 13000 多人，主要向中小企业提供较强的专业性和学术性帮助，也提供科技和商业咨询。

加拿大在为中小企业技术创新提供服务方面，很重视发挥社会团体的作用。(1)加拿大工业科学技术部在各省和一些主要城市都建立了一些非营利组织——技术服务中心，帮助技术力量比较薄弱的企业使用新技术，并特别强调提供关系到长远和竞争的战略技术，如信息技术、生物技术和先进的工业材料技术。这些技术已被公认为是具有战略意义的技术。近年来，工业科技部为帮助中小企业进行开发、获得、吸收和使用新技术，确立了若干有效的计划。比如"商业技术需求引导计划"旨在帮助中小企业衡量它们所需技术的价值；"技术超越计划"目的在于帮助中小企业建立技术中心。工业科技部还通过开办贸易性展览，建立数据库、许可证贸易、合资企业和其他形式的战略合作等方式，使中小企业及时获得信息和得到使用新技术、新产品及新工艺的机会。(2)加拿大政府所辖的国家研究中心 （NRC） 是加拿大中小企业获得技术和信息的另一重要来源。NRC 作为联邦政府的最大科研组织，承担各类研究工作，同时开发适用于中小企业的应用技术。它下属的加拿大科技情报研究所 （CISTI） [①]，还与国际技术协会一起，帮助加拿大中小企业获得国内外的适用技术。此外，加拿大还成立了中小企业独立的社团组织，目前有会员 7 万多家，开展为中小企业技术咨询等多种服务。

意大利专门为中小企业技术创新服务的中介机构如中小企业技术创新推广中心等有很多。这些服务机构的职能包括：向中小企业传播技术信息和技术知识，促进地区中小企业技术创新体系的革新和发展；促进中小企业间的技术合作和企业网络的发展；为中小企业技术创新提供质检、各种认证、技术培训等多方面的服务；为中

---

① 北美地区最大技术信息中心。

小企业技术创新创造良好的外部环境；等等。这些服务机构大多有自己的实验室，它们通过对已有软件与硬件的创新性组配，创造出新的生产设备系统和产品，设计出具有良好竞争优势和生命力的新工程工艺技改方案，向不同行业、不同层次的中小企业提供不同形式的服务，满足这些中小企业进行技术创新的需要。

英国设有全国性的中小企业俱乐部、中小企业信息中心、中小企业协会等机构，为中小企业技术创新提供各种服务。此外，英国各地都设有中小企业咨询社，咨询社由私营企业和地方政府合办，地方政府提供开办费，私营公司提供富有经验的管理人员和专家。

2. 为中小企业技术创新提供技术培训

毫无疑问，影响中小企业发技术创新的最重要因素是人的素质和水平。因此，各国政府注重人力资源的开发，积极帮助中小企业培训技术创新的人才，为中小企业技术创新奠定了坚实的基础。

从1963年开始，日本的都道府县和主要大城市对中小企业管理人员轮流进行基础培训，同时成立了中小企业大学，对中小企业的经营者、接班人、管理人员及都道府县从事中小企业指导工作的人员进行培训，所需经费由政府补贴一部分。目前已在东京、关西、直方、旭州、广岛、濑户、仙台和三条开办了8所中小企业大学。这些多科性大学，招生对象为中小企业的经营者、技术人才和中小企业指导员、中小企业团体职员等。此外，各都道府县均设有不同形式的短期培训班，商工会、商工会议所和中小企业团体中央会，也设有短期研修班从事管理人员和技术人员的培训工作。

韩国政府在为中小企业培训人才方面肯下本钱，仅中小企业振兴公园的研修院在1982年初建时就投资了2687万美元，以后又不断增加投入，使教学条件不断完备。该院由研修部、教授团、管理部三个部分组成，开设119门课程，课程内容丰富多彩，学以致用。办班时间不等，最长三个月，最短两天，教学效果颇佳，每年为中小企业培训近4万人。

为了提高中小企业的人员素质，加拿大由政府出面制订了一个统一的中小企业培训计划，授权各级政府负责小企业各类人员的培训工作，鼓励社会各界，根据不同中小企业的实际情况提供各类管理咨询和培训服务。此外，加拿大政府重视国民技术技能的培训也使得中小企业受益匪浅。加拿大政府每年为40万加拿大人提供培训的机会。在"加拿大工作战略计划"中，规定每年花费约17亿美元来增强整个国家劳动力的基本技能水平，为所有公民提供受教育机会。这些受训人员包括青年、妇女、少数民族和残疾人，可以说，几乎是所有的劳动者。"技能投资计划"，帮助雇工和雇主通过灵活的培训来适应不断变动着的工作条件和要求。"技能不足计划"，旨在培训工人短期的知识和技能。"社会未来计划"，则在经济困难地区帮助开展培训教育工作，并建立起当地委员会基金，以鼓励失业工人和领取社会救济金者进行个体经营。在社区学院及其他教育中心设立培训班，开办授课30小时的管理课程，已有2.7万人参加了学习。

英国中小企业的培训工作以前由教育科学部负责，现在由人力服务委员会专管。该委员会制订了一整套培训计划：在格拉斯哥、伦敦、曼彻斯特和瓦维克等5所大学的经济学院开办培训课程，每门课程讲授16周，进行2年的全日制教育。此外，英国大学的经济学院还通过电视和广播向中小企业的经理讲授课程。

3. 为中小企业技术创新提供信息服务

技术和信息是密不可分的。在信息化时代，企业要想得到健康发展，必须及时获得高质量的信息。建立向全社会开放的包括政策信息、技术信息在内的中小企业信息网络和信息发布渠道，是提高中小企业的技术创新能力的一个重要的途径。这方面，外国政府的主要做法是：

（1）充分发挥政府作用。美国的报纸、杂志、图书数量巨大，无线、有线电视网更是覆盖全国，构成了庞大的信息库。鉴于中小企业信息加工能力有限，联邦、州和地方小企业局专门明确专人进行信息加工，根据当地中小企业状况，筛选有针对性的信息，并通过自办的商业杂志、影像资料和计算机网上图书馆对中小企业开放。英国政府有关部门在互联网上开通"直接通向政府"主页，在网上提供包括1100多个文件的企业监管指导和各种报表，企业可以方便、迅捷地在本地"一次性"办理完成政府要求的有关审批监管手续。日本政府专门拨款20亿日元，建立知识产权中心，通过完善专利技术流通数据和专利查阅设施，促进专利技术流通和中小企业引进专利技术；并派遣专利流通顾问，举办各种专利技术报告会，按不同技术领域提供专利技术介绍，为专利发明者和企业牵线搭桥，提供专利技术查阅服务。

（2）建立中小企业专职的信息情报机构。这类信息情报机构专门收集、加工、分析各类文献，为中小企业提供了一系列信息服务。日本政府在中小企业事业团下设立中小企业信息管理中心，各地方政府、各部门设立了地区性或部门性信息中心，许多民间组织增设信息机构等。日本中小企业厅对这些中小企业地区信息中心给以资金补贴，帮助它们扩充和发展，并实现电子计算机主机和终端的联机。德国的巴符州经济部专门为中小企业建立了信息情报服务中心，且设备先进、资料齐全、服务周到。该中心设有专利文献室、情报室、图书馆，收集了700多万份国内外专利文献和标准资料，3.5万册专业图书，480多种国内外专业杂志。美国小企业管理局及其分支机构免费向小企业提供商务部定期出版的有关国内外市场信息和公司资料等多种形式的服务。成立于1953年的美国小企业信息中心，是一个专门为中小企业提供技术创新等信息服务的机构，该机构拥有一定的计算机硬件和软件，汇集了大量的有关中小企业的出版物，并定期公布市场的最新发展动态，这便解决了中小企业限于人力和资金而难以建立自己的信息情报组织问题。每个中心均配有8—10部计算机和专业软件，向中小企业免费提供最广泛的信息服务和资料服务。法国政府1997年在因特网设立创业服务网站，公布信息7000页，为创业者提供法律、金融、税务、社会保障等创业信息和一部分在线读物，已成为法国政府为创业者敞开的一扇大门，每年上网访问者达 14 万人，是创业者创业信息的主要来源。同时，编辑、出版、发行有关创业信息、指南与数据统计分析的印刷物。

（3）发挥政府其他部门兼职信息服务机构的作用。兼职信息服务机构其实就是政府的各个部门，它们依靠其信息准确、灵通的优势，为中小企业提供更多的专业专类信息。或者说，小企业所需的各种信息都可以在相应的机构中获得。比如在加拿大的政府机构中，工业科学技术部（ISTC）主要为中小企业提供有关生产经营状况的资料，并负责传播科技信息、市场分析及产业动态的信息，并帮助中小企业进入本部的数据库；加拿大统计局提供宏观统计数据；加拿大研究委员会（NRC）的地区办公室为技术的鉴定和应用提供信息服务；而加拿大外事和国际贸易部属于一个专门提供有关国外市场发展动态、出口市场概况与分析的机构；加拿大就业和移民局（EIC）的各地方分支机构则属于一个专门为中小企业提供劳动力资源、培训信息的机构。

（4）加强网络建设。为了使中小企业适应新的信息环境，发达国家不断加大扶持力度，使中小企业技术创新的外部环境有了很大改善。日本政府由通产省负责向各地的"中小企业支援机构"提供资金，帮助它们建立内部网络和加入因特网，建立广泛的信息发布和接受系统，利用跨区域信息网络和共享的各种数据，向中小企业提供经营、技术、信息等各种咨询服务。针对近年来跨区订购零部件的大企业不断增加的状况，为提高大企业与零部件承包企业签订订货合约的速度和执行的效率，保证企业之间的合约顺利实施，政府在"全国零部件承包企业协会"内建起订货网络系统，订货企业只要输入订购计划，订单就可以准确无误地送到承包企业中，承包企业可以准确准时地实施承包合同。加拿大政府建立了技术网络，告诉中小企业从哪里寻找到所需的技术，帮助分析企业所面临的困难，帮助提供相关的信息；政府通过减免税收鼓励中小企业进行技术创新，技术创新一旦失败，政府也承担一定风险，若开发成功，则政府适时退出。面对知识经济时代的挑战，政府应针对中小企业自身难以克服的弱项给予必要的抉择。促进中小企业与高等学院和科研机构联合进行技术创新发展项目；促成中小企业与国际的技术合作，使中小企业与大企业在同一层次分享技术。当中小企业在生产过程中遇到困难时，应能免费或低费用得到当地专家教授和研究人员的咨询和服务。政府还应帮助中小企业参与各式各样的国际展销，扩大产品的对外销售，增强中小企业产品在国际上的竞争力。1989 年 12 月，法国国家技术交流转让中心开始组建全国技术推广网，首先选择 4 个大区（即利木赞、布列塔尼、洛林和罗纳—阿尔卑斯）进行试点，目的在于将大区的先进技术提供给中小企业。工业部、研技部及中央、地方的各有关科研、开发、技术咨询和转让机构都参加或向这项工作提供了支持和帮助。1991 年，该中心又决定将试点范围扩大到其他 6 个大区。美国联邦小企业局创设的全国范围的免费信息中心，帮助咨询者解决创办与经营企业的问题；专门设立小企业导航网，主要为小企业提供企业宣传、产品广告、销售信息及政府采购合同信息等。目前，美国使用因特网的小企业已达 70% 以上，但政府仍然不满足，针对欧洲、大洋洲和亚洲部分国家在国际贸易中普遍采用电子数据交换（EDI）的实际状况，美国又作出决定，今后国内企业国际贸易如不采用 EDI，海关报关手续将被推迟办理。英国贸工部建有由 200 多个地方服务中心组成的"工商联系网"，它作为一个商业综合网络，将当地企业、培训机构、行业协会、商会、地方政府、咨询公司和各种服务业联结起来，小企业可以通过它获得各种咨询和商业服务。

四　发达国家提升中小企业技术创新能力的新举措

进入新的千年后，面对知识经济和网络时代的挑战与机遇，在经济全球化和市场一体化竞争中，中小企业技术创新能力的提升，已成为一个国家和地区经济增长的重要因素，成为一个国家提升综合竞争力的重要方面。近年来，西方发达国家采取了许多的新举措，全面推进中小企业技术创新能力的提升，为我们提升中小企业技术创新能力开阔了新视野，提供了新经验。

（一）大力发展风险投资

1. 风险投资与中小企业技术创新关系

风险投资（Venture Capital）也译成"风险资本"或"创业投资"、"创业资本"，主要是投资于未上市的、正处于发展中的、具有高成长性的中小型高新技术企业的资本。风险投资早在20世纪30年代就已经产生，但发展缓慢；20世纪70年代以后，随着高新技术产业的发展，风险投资也逐渐活跃起来；近几年来，随着高科技中小企业对经济贡献的增大，风险投资受到发达国家的青睐，风险投资规模迅速扩大。目前，国际上风险投资活动主要集中在美国、西欧、日本等工业发达国家。美、英、法、德、日五国风险投资占世界风险投资市场份额的90%以上[①]。

作为一种新型的投资和融资方式，风险投资从融入资金、参股创业直到企业上市收回投资的全过程来看，自始至终都在高风险中运营并以排除风险和提高资本效率为特征。它一般着眼于高新技术企业的产品开发应用阶段，以参股方式参与项目投资，最后扶植获得成功的高新技术企业上市，通过抛售上市后的股票来取得收益或将股权转让于其他投资者而套现，直至完成一个投资周期。

风险投资的投资对象主要是中小型高新技术企业，其作用就是向有潜力的科技企业家（指处于创业初期的高新技术企业的创业者）提供资金，与中小型高新技术企业生死相伴，相互促进，共同发展。在现实中，风险投资与技术创新是相互促进的关系：即一方面风险投资对技术创新有较强的刺激作用；另一方面，技术创新又进一步推动了风险投资的发展。因此，风险投资的收益来源实质

---

① 陆世敏：《中小企业与风险投资》，上海财经大学出版社2001年版，第75页。

上是技术创新的成果市场化的最终回报。现代企业科学技术成果、风险资本相结合所生成的高新技术产业正在使现代世界经济发生着革命性变革。随着高科技产业增加值在发达国家 GDP 中的比重日益扩大，一种新的经济形态——知识经济（Knowledge – based Economy）越来越受到重视。而支撑知识经济成长的两大因素就是风险投资和技术创新。正因如此，发达国家近年来越来越重视建立风险投资机制，为科技型中小企业拓展融资渠道。

2. 风险投资的运行机制

风险投资的运行机制是指风险投资系统运行的一般规律及确保投资活动正常进行的机理和条件。综观发达国家风险投资的发展，风险投资的运行机制可分解为外部机制和内部机制两大层次。

（1）外部机制包括激励机制和约束机制。激励机制是风险投资的原动力，包括：社会需求和高收益，这是推动风险投资的根本动力；高新技术本身技术的领先要求，是风险投资的内在驱动力；高新技术发展中激烈的国际竞争，是风险投资的外在驱动力。

约束机制是指创新系统通过调控手段，把风险投资的运行约束在一定的时空限度内，以提高投资的成功率。它有内外部约束之分。内部约束表现为资金约束，创新人才约束，信息获取约束，内部管理约束，自身协调水平的约束和机构设置状况的约束；外部约束表现在投资各方利益的约束，产业化潜在需求状况的约束，国家政策法规的约束和企业间横向关系的约束等。

（2）风险投资的内在机制，包括五个方面：

第一，投入机制。它由利益驱动和担保两方面来保证。高收益把高新技术企业和投资者的积极性调动起来，既可拓宽渠道、增强投资力度，又可相互监督，确保资金投入的效益；信用担保机构由财政拨款或以股份制形式筹集资金，按收益水平收取担保费，并通过提供担保来承担风险，使多方资金来源投向高新技术产业。

第二，保护机制。高新技术开发的复杂性或产业化的巨额投资，必须有相应的法律保护、税制保护、基金保护和知识产权保护等。

第三，经营机制。从发达国家风险投资的经营方式来看，美国、日本的风险资本主要来源于养老金、大公司大银行的投资资金以及各种慈善事业基金等。私人风险投资活动的作用在于集中民间资金扶植风险企业。而西欧模式实质是一种政策性投资，资金来源于政府预算，目的是用较少资金带动较多的私人风险投资，而且政府资金往往投向个人投资者不愿涉足且风险更大的领域。

第四，管理机制。高新技术项目从立项起就要强化资金管理，规范管理行为，通常包括以下四类管理层次：首先，避免重复盲目投资及行业垄断的行业管理；其次，吸收投资各方组成精干机构的集团管理；再次，投资主体对企业法人的监督管理；最后，使投资各方责权分明，既可加强资金管理又可监督资金使用的责任管理。

第五，回收机制。风险投资的回收途径有：分红、转让股权和出售股票等。在适宜的股份制条件下，高新技术企业进入持续、稳定发展时期时，风险资金可撤出或继续投资，扩大企业规模，以便等到公司正式上市，然后适时抛售高价股票，回收增值资本。随着大量有实用价值的高新技术产品问世及通过市场竞争而得到高收益回报后，风险资本便可寻找新的投资机会，以开始新一轮的风险投资循环。

发达国家的风险投资通过上述两个外部机制把风险投资者、风险资本和风险企业家聚集在风险企业里，在五个内部机制的匹配和共同作用下使风险企业稳定发展，使风险投资运行走上良性循环的轨道。

3. 美国的主要经验

美国是风险投资出现最早，发展最成熟的国家。风险投资对美国经济的发展作出了重要贡献：它推动了美国科研成果转化和高新技术产业化，造就了惠普（HP）、苹果（APPLE）等一大批著名的高科技跨国公司，促进了全社会科技投入水平上升，使技术因素在美国经济发展中的贡献不断提高，成为美国经济增长方式集约化的重要推进器，风险投资还增强了美国企业实现技术突破和开发新产品的能力，使美国在某些领域拥有较大的优势，极大地提高了美国的国际竞争力。从运作的方式来看，美国的风险投资机构大体上可以分为四种类型。

（1）高技术投资基金。这类投资基金属独立的风险投资公司，在美国风险资本市场占的比例最大。每项基金由一定数量的赞助人提供（一般情况下，个人份额在 200 美元至 75 万美元，总额在 600 万—700 万美元以上）。这种风险投资公司多半采用有限合伙的方式组成。通常由主营合伙人与有限合伙人共同出资组成风险投资基金。其中，主管合伙人出资额约占 1%—2%。主管合伙人负责基金的经营管理，对公司负全部责任。而有限合伙人不参加经营管理，对公司只负有限责任。这类合伙管理人背景很广泛，有管理类、工程技术类、法律类、新闻类等人员，但银行家极少。这类高技术基金主要公司有美林风险合伙组织和精密技术基金等。

（2）政府支持的中小企业投资公司。1958 年，美国国会通过了《小企业法案》，授权小企业管理局制定和实施中小企业投资公司计划，其目的在于通过设立政府风险基金，引导和带动民间资金进入风险资本市场，支持风险企业的创立和成长，以促进高新技术产业的发展。风险基金主要是提供低息贷款，由政府负责管理，支持中小企业投资公司进行风险投资。中小企业投资公司是经政府批成立的私人公司，负责选定项目并进行投资，每投资 1 美元可以从政府得到 4 美元的低息优惠贷款，还享受特殊的税收优惠，但政府对其投资规模和利益控制上有一定的限制。

（3）银行附属的投资公司。由于独立的风险投资公司经营的绩效较好，故银行附属的投资公司也逐渐转变为具有相对独立性的风险投资公司。又由于美国税法规定合伙关系投资收益不需要交纳公司税，只需交纳个人所得税，故美国银行附属投资公司也多采用有限合伙的方式组建的。这类投资基金投资对象主要是中小型高技术企业。这类投资基金在银行经营中占有一定比例。这类投资基金属投资银行经营的传统的风险资本活动。

（4）大企业附属的投资公司。这类投资基金多数采用有限合伙方式组成的。主要有通用电气公司、施乐公司、3M 公司、艾克森公司和美国的奥立弗蒂公司、阿克姆—克利福兰公司等。这种机构的设置，一般是为了促进资本、技术和技能的内部市场发展，保证灵活有效地为高技术项目配置资金，便于调整发展方向，提高效率。

4. 英国的主要经验

为了促进中小企业风险经营的发展，从 20 世纪 70 年代末到 80 年代中期的几年内，英国风险投资机构发展到 100 多家，中小企业就从这些机构筹集 2.75 亿英镑资金。从那以后，英国小企业通过风险投资筹集的资金又有很大增长。目前，英国是世界上除了美国以外风险投资最活跃的国家，是欧洲创业投资的主力军，占到整个欧洲创业资本市场一半以上。根据所有权和资金来源，英国风险投资行业的参与者可以分为五类。

（1）清算银行设立的风险投资基金。这类风险投资基金，在英国有十几个。最有代表性的是产权主要归英国清算银行和英格兰银行的英国"工业投资者"组织。这类风险投资特点有两个：一是只要母银行继续从事风险投资活动，它们就会继续营运。它们与大多数独立型风险基金采用封闭式运作方式不同，极少有融资方面的限制条件。同时，管理层多是来自内部的借贷银行家或是投资银行家，但也包括外部的风险资本投资专家。二是其投资组合中往往具有较高的债权成分，更强调能带来利息收益，这与其他非银行组织的风险资本基金区别很大。

（2）投资机构支持的风险投资基金。在英国，这类风险投资基金最多，共有 80 多个。这类基金分为两大类：一类为受控制型风险投资基金。最有代表性的是英国最大的保险集团审慎集团全资拥有的技术基金"普鲁泰克"。这些受控制型机构基金，投资者通常将每年现金流入的一个固定百分比的金额注入基金。其基金管理者由内部人员及外部行业人士、咨询专业人士或是会计师行业人士共同组成。另一类为独立风险投资基金。这类风险资本占英国风险投资行业资金的一半以上。这类基金资金提供者分散，没有具有显著控制权地位的股东。其管理层完全独立于所有投资者或股东的第三方。这类基金主要是 1972 年成立的"小型企业资本基金"，尔后演进为"发展资本集团"。这类基金投资收益目标更强调长期的资本性收益，而不是债权或股权的日常性收益。

（3）企业扩张计划风险投资基金。这类基金属于英国政府通过立法机构立法，为扶助小型企业发展而鼓励设立的。立法规定了这些基金的投资范围，税收优惠措施等内容，但其营运载体仍是私人的。这类基金的管理阶层构成、资金来源等方面与其他风险资本相似。

（4）公司及其他私人部门风险投资基金。这类基金的资金来源、管理阶层以及投资项目都源自公司内部。其管理特点是基金所有者对投资和撤资决策具有很大控制权。

（5）政府设立的风险投资机构。这类风险投资主要集中于两个方面：第一，通过立法援助小型企业部门而设立的。第二，直接建立全国性或地区性的国有基金机构。如 1975 年设立的全国企业委员会，主要目的是资助高风险的高新技术企业的起步、转型企业等。

此外，英国近期兴起高等院校进入风险资本行业的浪潮。大学通过与风险资本家联手投资兴建公司实体。如英国的剑桥、伯明翰等大学都设立了科学园等。

总之，英国现代意义的风险资本行业尽管起步比美国晚些，但发展速度也很快，且类型多，对英国科技型中小企业的发展起了积极的推动作用。

5. 德国的主要经验

近年来，德国在促进高新技术企业发展的风险投资方面也做了很多努力。1995 年，联邦教研部与德意志重建银行和德意志均衡银行一起启动了一项"小型高技术企业风险投资计划"，计划为期六年（1995—2000）。在以往成功的经验基础上，该计划对一些具体操作方法作了调整，如政府不再补贴利息，只提供风险担保；不但由国有银行提供风险投资，也吸引私人银行参与投资和对高新技术企业的管理等。这项风险投资的具体做法是：一是由德意志重建银行向企业提供低息贷款，但贷款不是由银行直接支付给企业，而是由一家私人投资公司向银行申请贷款，银行以优惠利率将贷款给予投资公司，但条件是投资公司必须向企业投资，两家出资比例各为75%和25%。德意志重建银行对企业研究开发提供的贷款限额为1000万马克，期限为10年，每年的固定利息为4.8%（通常商业贷款利息约12%左右）。对企业为产品进入市场提供的最高贷款限额为200万马克，期限为10年，每年的固定利息为4.8%。私人投资公司应按银行的要求，在10年内以分期付款的方式向银行还清本息，但投资公司有权按协议规定，从该项投资中获取一定的利润或以股东身份直接参与投资获利。二是德意志均衡银行下属的技术投资公司以直接投资的形式（即以不记名的股东身份）参与风险投资，具体做法是技术投资公司在投入资本前，要求企业必须找到一家愿向该企业投资的私人投资公司作为合伙投资者，双方签订合作协议并以同等金额的资本，向企业投资。投入资本后，技术投资公司不直接参与企业的管理，但委托合伙的私人投资公司对企业进行管理。技术投资公司对每个企业投入的最高资本限额为300万马克，并要求企业对所投入的资金每年偿还6%的固定报酬和6%的效益报酬，其总额与商业性贷款利息相近，但如果企业运行情况不好以至破产，企业对该项投资不承担赔偿责任。10年后，德意志均衡银行根据合同，要求企业一次性偿还本金，如企业无力一次性偿还，也可临时协商，重签合同。联邦政府为上述贷款提供风险担保，担保额度西部地区为75%，东部地区为85%。该项计划的资助重点领域有信息技术和通信技术、新材料、生物技术和基因工程、环保及能源技术，这与联邦政府科技政策的重点领域是一致的。

以上看出，发达国家风险投资之所以发展很快，主要原因是：

第一，近年来，世界范围的科技革命方兴未艾，发达国家掌握和垄断了许多核心技术，有许多好项目可供转化，有许多高技术风险企业可供选择。

第二，各国的风险投资积累了丰富的经验，机制日趋成熟，形成了一套风险制约机制和按均衡投资分散风险的原则。

第三，培育了一批既懂技术又懂经济、金融和管理的经营风险资本的人才。

第四，有良好的资金环境。发达的产权市场和充足的资金，有投资撤股机制，保证资本的运转和增值的实现；完善的市场环境，保证公平竞争，使创新带来的高效益能得到回报；健全的法制，使知识产权和投资者利润得到保护；有信息、咨询法律、会计等服务的支撑。

第五，政府通过财政、金融、税收等政策措施以及成功企业的示范作用，鼓励、刺激风险资金的发展和他们的风险意识的增长。

（二）设立创业板市场

如上所述，科技创新及产业化发展，依赖于风险投资的发展，而风险投资的发展取决于是否存在一个能够为其退出提供有效服务的资本市场。20 世纪 70 年代以来，发达国家支持中小企业技术创新的风险投资发展十分迅猛，与之相配合的创业板资本市场也被发达国家普遍重视。

"创业板"也称"科技板"或"二板"，它是指一国证券主板之外的证券交易市场，它的明确定位是具有高成长性的科技型中小企业，是针对高新技术中小企业的资本市场，是科技型中小企业直接融资的一条重要渠道。与主板市场相比，在创业板上市的企业标准和上市条件相对较低，使科技型中小企业更容易募集技术创新所需要的发展资金。

在世界主要创业板市场中，美国的纳斯达克（NASDAQ）市场是最为成熟的创业板市场。纳斯达克成立的原意是将美国的大规模场外交易市场纳入正规的监管制度之中。1971年，美国将分散在全国的店头交易市场统一组织起来，并利用先进的技术手段，设立了全国证券交易商协会自动报价系统（纳斯达克市场），为2500多只场外买卖证券提供报价。其后纳斯达克的表现持续优胜于其他主要市场，成为全美国增长最快的股票市场，现在共有5000多家公司在纳斯达克上市。纳斯达克市场有效地支撑了美国风险投资和科技创新的快速发展，使美国在科技创新及产业化发展方面领先于其他发达国家。

纳斯达克本身也分为两个市场，即全国市场（National Market），供资产规模较大的大型公司上市；小型资本市场（Small Cap Market），供中型资产规模公司上市。此外，纳斯达克还负责监管场外交易市场和OTCBB电子告示板报价系统。

美国纳斯达克市场的成功经验主要在其完整成熟的市场运行机制使创业投资的资本能够进入到一个良性循环渠道中，吸引了众多高增长性高科技创新企业和创业资本家加入，使得资本和科技得到完美融合。首先，在上市标准方面，纳斯达克市场是很宽松的。首次发行上市的最低资产净额只需400万美元，市值5000万美元。其次，在交易制度方面，纳斯达克市场创造了有利于市场活跃成长的交易方式。它是一个交易商市场，多个交易商的存在构成了中坚力量，他们通过电子交易系统，采用电子报价的方式进行股票交易。这种交易方式可以使交易商获得中间差价，对经纪人和交易商都产生了极大的动力，促使他们争取更大的交易量。同时他们的活动又给投资者提供了参照和其他大量信息，提高了整个市场的流动性和活跃性。再次，纳斯达克市场实行严格的信息披露制度。虽然二板市场对于企业上市的要求不高，但是在监管方面很严格，尤其是对于信息披露要求很细致。投资者之所以愿意投资，为的是获得回报。而市场监管力度和监管效果对于投资是否安全有很大影响。

因此，从投资者角度考虑，为了使投资者对上市公司有清楚明白的了解，就要为其提供真实、有效、及时的信息。最后，纳斯达克优质的市场服务是其巨大吸引力的缘由之一。经过多年发展，在市场服务方面纳斯达克已有丰富经验，它不但拥有一个完整齐全的网站，还不定期地举行展示会、咨询会和出版读物。每年纳斯达克都要出版 200 种以上的读物，供投资者学习、参阅以便了解市场。

近 10 年来，其他发达国家也纷纷加快了为中小型高成长企业进入资本市场服务的创业板市场的建设。1995 年 6 月，英国伦敦证券交易所设立了 Alternative Investment Market（简称 AIM 的创业板市场）。欧盟风险资本协会为协调欧洲的证券市场，解决欧洲科技型、高速成长型公司股权融资渠道匮乏的问题，于 1994 年初模仿美国纳斯达克市场，成立了欧洲证券交易商自动报价系统，即欧洲纳斯达克创业板市场。法国于 1996 年 2 月在法国证券交易所开设了新市场（Le Nouveau Marche）。德国也于 1997 年 3 月在法兰克福的德国证券交易所开设了新市场（Neuer Markt）。

从目前情况看，近年来运行最为成功的创业板市场是德国的新市场（Neuer Markt）。德国的新市场自 1997 年 3 月开始运行以来，已成为全球表现最佳的证券交易所之一。德国新市场的成功，显示出有针对性的专门市场在适当的条件下是可以脱颖而出的。

新兴证券市场的成功有赖于很多因素，但市场必须以建立投资者的信心为目标，确保上市公司的质量，并且要公正的操作和充分的透明度，这样才能有较大的成功机会。从德国新市场取得成功的经验看，有以下三点值得我们认真地加以研究、借鉴：首先，致力于维持严格的监管准则、确保市场素质及维持高透明度是其成功的关键因素；其次，致力于吸纳优质公司上市和减少对散户投资者的依赖，加强机构投资者的持续参与；最后，致力于有针对性地选择上市公司。新市场并非仅作为主板市场之外的另一个市场，而是有选择地针对那些具有较大发展前景的行业或公司。

（三）设立科技园区

设立科技园区，通过科技园区内研究与开发活动的高度集中，培育中小高技术企业，推动产学研的联合，进而将技术向周边地区扩散，也是近年来很多国家提升中小企业技术创新能力的重要举措。目前，全球约有 1000 个左右的科技园区分布在世界近 50 个国家和地区。富有特色和典型意义的科技园区有，具有高技术产业综合体模式的美国硅谷，侧重于科学研究的日本筑波科学城，侧重高技术制造业我国台湾新竹科技园区，侧重孵化器功能的法国的马赛工业园等。其他较有代表性的还有美国的波士顿 128 公路高科技产业区、北卡罗来纳州的"三角地区"研究公园、得克萨斯州的奥斯汀，英国的剑桥科学院、苏格兰硅谷，法国的安蒂伯利斯科学城、波尔多科学园区，德国的西柏林革新与创业中心、新加坡肯特岗科学园区等。

由于各国或地区政治制度、管理体制、技术创新水平、发展战略、文化背景的差异，因而科技园区的种类繁多，创新模式千差万别。一般来说，在科技园区的建设中，欧美比较重视市场的作用，而新兴的工业和发展中的国家比较重视政府的作用。但是，纵观发达国家优秀的科技园区的产生和发展可以发现，其仍有相似的特点和规律，其成功的主要因素概括起来包括如下几点。

1. 以智力资源为依托

在科技日新月异的当今时代，高质量人才的源源不断地输入和一流大学、重要研究机构的聚集效应和带动效应是影响科技园区发展的重要因素，是科技园区发展的知识源和原动力。在技术园区中大学和研究机构作为知识和技术的重要供给者，直接参与了知识的生产、传播和应用。高技术园区为大学和研究机构及其企业提供了相互交流的界面，中小企业直接对大学和研究机构提出技术需求和提供必要的科研经费，大学和研究机构根据市场需求进行技术创新的能力明显增强。双向互补的需求，使交流节点频繁出现，创新资源的流量加大，创新机会大大增加。

世界上著名的技术园区都靠近大学和研究机构：硅谷拥有以著名的斯坦福大学、加州大学为代表的一批高水平大学和专业科研机构，拥有33万名高层次的技术人才，其中有6000名自然科学博士和工科博士，占整个加州博士人数的1/6；新竹科技园区周围拥有台湾电子技术研究院、"清华大学"等一批高质量的大学和科研机构，聚集了相当一批高层次的专业人才；筑波科学城有48个国家级研究机构与教育院所，拥有众多的私人研究机构，聚集了1.5万名多学科的高水平的研究人才；波士顿128公路区附近有麻省理工学院、哈佛、耶鲁等名牌大学；北卡三角区有杜克、北卡大学等；奥斯汀有莱斯、得州大学等。高科技园区的中小企业也正是由于靠近这些名牌大学和研究机构，才易于接触到最新的科技研究成果，同时又能借助于大学实验室先进的仪器设备进行新技术产品的开发研究，还能保证有充足的高科技人才来源。美国硅谷电子信息产业就是以斯坦福大学的智力资源为依托，在发展过程中始终得到斯坦福等大学在技术和人才上的支持。晶体管、个人计算机、集成电路核心技术、微信息处理机技术等一大批高水平的技术创新成果都源于斯坦福等大学。这为硅谷的迅速崛起，继而成为世界最高水平的电子信息产业研发和制造中心奠定了基础。台湾新竹科技园区信息和资讯产业的发展是以台湾电子技术研究院为的智力资源为依托，这为台湾成为世界上第三大资讯产品的生产地区和第四大半导体制造地区做出了重要贡献。

2. 以中小企业群为创新主体

在世界优秀的高技术园区中，生产体系都是由一定规模的中小企业群构成的。实现专业化分工协作的企业群体作为一个灵活的生产制造系统，有能力为高科技院取得创新活动提供充足的、训练有素的劳动力，能低成本、高效益地实现多品种小批量生产，同时也不排除大宗的通用零部件的规模化生产。与此同时，高技术园区中，不仅拥有众多的、大小和形态不一的中小企业，而且这些企业不断衍生，显现出较强的交叉"繁殖"能力。企业衍生是连接科研成果与商品之间的桥梁，其频繁程度常常意味着可转化为生产力的技术项目的多少。衍生出来的中小企业往往是具有创新活力的"分子"，它们发掘出被原企业忽视的技术和市场，这种改弦易辙的行为常常会导致某个领域的变革和新技术市场的开拓，进而又使衍生企业迅速发展起来；新老企业在同一市场上展开竞争，又会促进技术和产品的进一步创新。同时，衍生企业又往往会在原企业的技术中产生新的突破，分裂出来后在一个技术水平更高的层次上进行专业化经营，企业之间的分工协作水平就更上一个台阶。不断衍生的企业间高度联系，形成了一条无形的创新链。依托创新链，企业间平等互惠而不是相互支配，进行着技术、制度、文化等各个方面的交流与合作，大大降低了每个企业负担的技术创新的投资成本。硅谷、新竹、筑波等高科技园区，正是由于不断壮大和不断衍生的中小企业成为技术创新的主体，而构成了高科技园区创新网络的核心。

3. 以良好的政府服务为保障

政府是高科技园区的组织、建设和维护者。在中小企业的技术创新活动中，政府通过法律、经济和组织管理手段在制度、环境和政策层面，引导创新活动的方向、刺激大学和中小企业之间的协同创新、保护创新成果和协调创新主体间的矛盾，为高技术工业区提供良好的投资环境和生活环境。具体体现在：较低的地价、较少的启动资金、优惠的税制、廉价的能源、价格适中的住宅、高质量的中小学校、优美的环境、便利的公共设施、丰富的文化娱乐场所，以及拥有法律、金融、专利、工商、进出口等方面的业务服务。日本政府和台湾当局在筑波科学城和新竹科技园区开发建设中参与、介入比较多，政府的作用十分明显。而美国政府构建了较为成功的间接宏观主导模式，在美国硅谷半导体—集成电路—计算机—控制系统这一技术创新演变的轨迹中，始终都有政府作用的影子。政府在硅谷的创新网络中直接实现了两个领域的创新协同：军事技术与民用技术的创新协同，大学与中小企业的创新协同，为硅谷的发展起到应有的作用。

另外，政府还应鼓励在高科技园区内创办专门向中小企业技术创新提供服务的非营利性机构，这些机构可以分为不同的类型，如有的向中小企业提供优惠的研究开发条件、咨询与培训服务等；有的向中小企业的技术创新提供资助，以提高大学与公司的研究开发能力，促使实验室成果更好地向市场转移；也有的主要从事面向中小企业的技术转移，最普遍的方式是向企业直接出售专利技术或其他技术成果。美国北卡罗来纳州的三角科技园区就有这样一些非营利性机构，它们在推动园区内中小企业技术创新方面发挥了相当大的作用。

同时，政府还应该采取措施，鼓励大学也对高技术工业采取了相应的开放政策。例如，斯坦福大学工学院允许教授在外兼职、分享科研成果利润，从而吸引了大量的科技精英，既促进了企业的技术进步，又提高了学校的学术水平和知名度。使高科技企业与大学研究机构共处一地，彼此依靠、相互促进、共同发展。

4. 以完善的中介体系为媒体

高科技园区内技术协同创新是一种高度社会化的活动，创新资源、创新行为主体协同关系形成之前，相互之间有一个搜寻、选择及被选择的过程，作为技术创新主体的企业，无论是在企业之间，还是在企业与大学、研究机构之间，要先搜寻、识别，再根据各自的效用函数和收益预期，历经博弈，进入满意空间，走上协同，完成技术创新。如果每一个企业在浩如烟海的信息汪洋里，单靠自己去完成搜寻、识别，工作量非常之大，成本非常之高，并且在鱼目混珠、真假难辨的市场上，风险也大，难以形成合力。许多企业在技术创新过程中的某一环节，或某些方面力不从心，或某类资源短缺，均需要中介机构综合社会高度分工而产生的众多比较优势，互补互动，集成于技术创新。硅谷有3000多家企业为2700家电子信息企业服务就是一个最好的例子。筑波科技园区从 1979 年到 1980 年，诞生了 10 个非官方的起中介机构作用的信息交流协会，如环境研究协会、应用地学研究协会、地球科学研究协会、构造工学研究协会等。到 1991 年，这种非官方的信息研究协会已达到近 100 个，有力地促进了筑波科技园区的技术创新活动。台湾新竹科技园区有一整套的中介机构，包括科技成果和技术咨询服务机构、人才中介机构、管理咨询机构、金融机构、各类评估机构和信息服务机构，以及提供法律、财务管理等服务的其他中介机构，它们构成了技术协同创新服务体系。

5. 以发达的交通网络和良好的自然环境为优势

高技术产品的生命周期短，一旦开发成功就应该迅速投放和占领市场。因此，对于高技术产业来说，空运条件和高速公路网络尤为重要。同时，高技术园区应该有一个适应科研、技术开发的环境，所在地自然环境、气温条件应该良好。硅谷、新竹、筑波等科技园区所依托的城市化地区所拥有的发达的交通网络和良好的自然环境满足了高技术产业发展的这一要求，都是科学研究和技术开发的理想场所。硅谷附近拥有国际机场和以 101、280、880、680 为主要干道的高速公路网。新竹科技园区距台湾最大的国际机场桃园机场 55 公里，南北高速公路和电气化铁路贯通其间，距台中、基隆两大国际海港 90 公里；科技园区所在地地势平坦，林木茂盛，四季常青，气候宜人，风光秀丽，温泉、瀑布到处可见，有许多著名的自然风景区。日本筑波科学城位于东京东北 50 公里处，这一地区北依筑波山，东临日本第二大湖霞浦，具有良好的自然环境；同时，距国际机场仅有 40 公里，有完善的公路和铁路网络，交通发达。

综上所述，高技术园区目标，就是在特定范围内，营造一个多元主体参与的、有多种创新资源流动的、开放的创新系统。高科技园区域创新能力的创新效率不仅取决于各个创新行为主体各自的高效运转，更取决于各个行为主体间相互联系和合作，以及由此产生的创造性协同作用。如果仅有各个行为主体的高效运转，而行为主体间的技术流动和资源流动低效或无效，创新的整体效率就无从谈起。世界上发展较好的科技园区，均是将上述五点有机地联系起来，形成了节点密集、联系频繁、组合运作方式合理的创新网络。在高技术园区中，企业、大学和研究机构、政府等各个不同的创新行为主体不仅各自高效运作，而且彼此之间存在着广泛的、多层次的各种技术合作和人才、信息交流，有效互动、相互磨合，并在相互作用、相互激发中采取良好的组合和运行方式，各尽所能，各得其所，取得了"整体大于局部"的协同创新效果。不仅如此，而且高技术园区通过技术和产品的辐射，以及企业组织的扩张，对外开放，将高技术园区尽可能地对外延伸，成为全球创新网络中的一个重要组成部分。通过与中小企业、大学和其他机构的交流和合作，使科技园区可以在更广泛的范围内实现技术、人才和知识等资源的高效集成配置，从而有效地提升中小企业的技术创新能力。

（四）设立科技型中小企业孵化器

孵化器概念最早是由美国人乔·曼库于 1956 年首次提出来的。早在 20 世纪 50 年代，伴随着新技术革命的兴起，美国纽约就成立了第一家企业孵化器。而作为一种新的经济社会组织，真正引起世界各国广泛关注的是从 20 世纪 80 年代伴随着中小企业进入高技术领域开始的。

理论上讲，任何类型的中小企业都可通过孵化器孵化而成。但从国际经验来看，目前孵化器中孵化的基本上都是科技型，尤其是高技术型中小企业。这与这类企业具有技术复杂且变化快，包含的不确定性大，创业的风险也大等特点有关。由于高新技术的开发是一项难度大、风险大、成本高的二次开发，没有适宜的环境几乎难以成功。而孵化器的功能就在于提供必要的条件以解决这些问题，并在半成熟成果的开发过程中提供必要的服务，担负市场开拓责任，使高新技术成果持有者的产品开发过程与资金、市场等因素结合，使他们专心致力于自己的高新技术制造，起到"孵技术之蛋，获产品之鸡"的功能。因此，科技型中小企业是目前孵化器的主要对象，孵化器也成为发达国家提升中小企业技术创新能力的重要举措之一。

科技型中小企业孵化器的主要目标是通过提供一系列新创中小企业发展所需的管理支持和资源网络，将技术、诀窍、企业家才能与资本联结在一起，为以技术导向的新创立的企业成长和发展提供支持。从本质上说，科技型中小企业孵化器是一种介于市场与企业之间的新型社会经济组织，它通过提供研发、生产、经营场地、通信、网络与办公等方面的共享设施，进行系统的培训和咨询，并在政策、融资、法律和市场推广等方面的支持下，降低新创企业的创业风险和创业成本，提高其成活率和成功率。显然，孵化器的主要目的是帮助初创阶段或刚成立的相对幼小的科技型中小企业，使之成为能够独立运作并健康成长的企业。科技型中小企业孵化器激发创业者创造欲望，提供优良服务，促进新产品产出。它提供给创业者一个合适的小环境（场地、必要的仪器设备、技术、资金、咨询服务），使构思成果尽快实用化，便于向工厂转移。同时，孵化器还是一种非常有效的区域经济发展工具，特别是对中小企业的发展具有决定性作用。

各国科技型企业孵化器有许多不同的类型，从孵化器的服务对象分，有社会孵化器和企业内孵化器；按孵化器的主体分，有政府或社区主办的孵化器，有企业主办的孵化器，也有学术机构主办的孵化器和多元主体混合的孵化器；从孵化器的经营目的看，有非营利性的孵化器和营利性的孵化器；从在孵企业的类型分，有混合型孵化器（即没有明确的在孵企业类型选择要求）、专业孵化器（如高技术孵化器、制造业孵化器、生物医药孵化器、农业孵化器和服务业孵化器等）和国际孵化器等。此外，随着信息技术与因特网的迅速发展，孵化器的组织形式不断演化发展，出现了虚拟孵化器、连锁孵化器和创业孵化集团等各种新的组织形式。不管其组织形式如何，从孵化器的运行情况看，一个成功的孵化器离不开共享空间、共享服务、在孵企业、孵化器管理人员、扶植在孵企业的优惠政策等五大要素。这意味着企业孵化器的功能主要包括：（1）提供综合性服务和必要设施：企业孵化器提供创业咨询、教育、培训和管理支持，提供一个有公共服务设施的场所；（2）提供良好的创业环境：提供企业交流机会、简化高新企业的创办程序、提供政策优惠等空间；（3）提供资金：大多企业孵化器提供融资、协助融资服务以及价格较低的设备、办公空间等。

科技型中小企业孵化器对提升区域中小企业技术创新能力的作用是显而易见的。也正因为此，科技型中小企业孵化器在扶持中小企业成长、加速科技成果转化和促进区域经济发展方面有重要的作用，具体体现在三个方面：（1）帮助新创科技型中小企业的建立，增加新创科技型中小企业的数量，提高新创企业的存活率并促进其健康成长；（2）防止创新技术外流和区域技术基础的销蚀，以帮助新创企业提高实现价值的能力，吸引外部创业者、人员、技术和资金的流入；（3）充当区域创新系统的桥梁和枢纽组织，系统地组织各种资源支持新创企业，促进区域经济的健康发展。

截至 1998 年底，世界上已有 3300 多家科技型中小企业孵化器，其中美国拥有 750 家，欧洲拥有 2334 家[①]。而成效最为显著的当数美国的科技型中小企业孵化器。在美国，孵化器的发展大致经历了以下四个阶段。

1. 着眼于企业组织创立的阶段（20 世纪 50—80 年代前期）

这一时期，大多数孵化器都由政府和社区合作建立、以非营利性机构的形式存在，基本上以混合型孵化器为主。孵化器的主要目标之一是缓解社区的高失业率状况。孵化器的主要功能是为新创企业提供经营场所和基本设施，以及基本企业管理职能的配备和代理

---

① 陆立军：《科技型中小企业还击与对策》，中国经济出版社 2002 年版，第 209 页。

部分政府职能（如一些政府优惠政策的诠释和代办）。这一时期的孵化器对新创企业的管理支持是非常基本的，主要是为创业者提供新创企业运作所必需的管理职能。

2. 从单个孵化器转向孵化系统（20世纪80年代中后期）

由于一些政府主导的企业孵化项目的效果令人失望，许多企业虽然在政府的资助下成立起来了，但是存活率很低；相反，一些成功的企业孵化项目的诀窍则是充分利用政府在信息和网络方面的优势，为新创企业提供有力的支持。因此，越来越多的人认识到，政府部门的最大优势在于拥有庞大的区域网络和广泛的联系，能够以极低的成本向创业者提供大量有价值的信息、联系和建议。换句话说，政府部门与其他组织如企业、教育机构和非营利性组织等的协作能使企业孵化项目更具成效。这种认识上的变化改变了政府在企业孵化支持方面的基本战略，使政府开始从直接资助转向信息和网络的支持；从政府主导转向政府部门、企业界、研究教育机构、社会团体的全面协作，孵化器的经营主体转向多元化；企业支持项目也从帮助企业组织的建立转向保证企业的生存和发展。到80年代中后期，美国大多数州通过了有关建立企业孵化项目的立法，这标志着政府的支持由直接资助转向更系统的全面支持。

3. 孵化器的企业化运作（20世纪90年代前期）

1992年，普华大华发表的一份研究报告认为，美国的孵化器产业危机重重。这一状况促使人们对孵化器的性质有了新的认识，即孵化器的中心任务是帮助创业者开创和发展企业，孵化器本身不应该只是一个准政府机构，而应该是一个企业，健康发展的新创企业就是其产品。在这一思想指导下，孵化器的经营则改由具有企业管理经验的管理者来承担。孵化器企业化运作的一个重要表现是孵化器的服务对象由内而外的扩张，许多孵化器向孵化器外部的企业提供支持和服务以获取收益。伴随这种范围扩张的一个趋势是孵化器的集中化经营，即越来越注重企业孵化细分市场的选择。孵化器企业化运作的另外一个表现是服务形式多样化，其经营重心也由孵化新创企业转向涵盖市场机会的识别以创建企业本身。

4. 创业孵化集团的出现（20 世纪 90 年代后期）

创业孵化集团的出现是孵化器发展史上的一次革命。创业孵化集团的基本特色是它本身就是新创企业，而且通常是由成功的创业者主导孵化新创企业。这改变了过去孵化器仅仅作为政府部门发展地方经济的一种手段的定位。从孵化功能上看，创业孵化集团融合了风险投资、多元化控股集团和孵化器的功能。除了向新创企业提供办公场所和相应的互联网设施外，创业孵化集团的企业管理咨询支持和服务也包括企业发展和技术开发、市场营销。竞争研究分析、法律顾问、会计等。创业孵化集团的革命性在于其解决了传统孵化器的两个基本问题：一是具备了独立的投资功能；二是解决了传统孵化器难以吸引高素质管理人才的问题。创业孵化集团的支持网络是创业者、经营者和投资者构成的混合体，截然不同于传统的孵化器以政府机构和社区团体为主的支持网络。这种模式的关键在于通过创业者和风险投资的联盟，结合了巨额的资金和大量具有创意的新创企业，并通过巧妙地安排吸引了优秀的管理人才加盟。

在上述不同阶段的发展过程中，美国孵化器的运作模式也逐渐趋于多样化：（1）政府或非营利性组织主办的孵化器，主要目的是创造就业机会，推动应用高技术推地区经济的多样化发展，扩大税收来源；同时，也为了整修与利用闲置的办公房屋，增加繁荣景象，并且扩大本部门的收入来源。（2）私营的科技型中小企业孵化器，一般由风险资金和一些投资基金组成，主要目的是承租企业、新技术应用和转让项目投资，以从中获利。（3）与高等院校、科研单位有关的科技型中小企业孵化器，其主要目的是为了便于教师和科研人员开展研究工作，并为他们提供自己的创业机会，同时通过办孵化器可以吸引更多的科研项目和高级研究人才。（4）公私合营的科技型中小企业孵化器。这类孵化器通常由政府、非营利机构和私人合股兴办。合股形式使孵化器既能取得政府在经费及其他资源方面的支持，也能得到私营部门的专业知识与经费资助。

实践表明，科技型中小企业孵化器是发达国家高新技术产业和产品的摇篮，也是孕育、开发、市场化科技型中小企业的基石，是提升区域中小企业技术创新能力的加速器。

参考文献和资料

（1）光盘国家工程研究中心：《中国学术期刊专题文献数据库（光盘版）1997—2002 年》，中国学术期刊（光盘版）电子杂志社。

（2）刘东、杜占元：《中小企业与技术创新》，社会科学文献出版社 1998 年版。

（3）张陆洋、傅浩：《科技创新呼唤多元化的资本市场》，上海科学普及出版社 2001 年版。

（4）张玉臣：《科技成果转化的政策支持》，上海科学普及出版社 2001 年版。

（5）魏尔曼等：《德国中小企业促进政策组织与方法》，中国经济出版社 2002 年版。

（6）北京市社科院中关村发展研究中心课题组：《北京市高新技术产业风险投资体制建设研究》，《经济研究参考资料》2001 年第 33 期。

（7）麦格罗·希尔：《以小博大——中小企业运转的魅力》，中国城市出版社 1999 年版。

（8）何振一：《中小企业财税与信贷》，中国人民大学出版社 1999 年版。

（9）邓荣霖：《中小企业制度与市场经济》，中国人民大学出版社 1999 年版。

（10）刘冀生：《中小企业经营战略》，中国人民大学出版社

1999 年版。

（11）严思忆：《中小企业国际贸易实务》，中国人民大学出版社 1999 年版。

（12）李骥：《创业板上市》，民主与建设出版社 2001 年版。

（13）柯林·拜罗：《中小企业财务管理——发展中的控制》，宇航出版社 1999 年版。

（14）陈乃醒：《中小企业经营与发展》，经济管理出版社 1999 年版。

（15）李军：《企业融资》，民主与建设出版社 2001 年版。

（16）［韩］金麟洙：《从模仿到创新》，刘小梅等译，新华出版社 1998 年版。

（17）王春法：《国家创新体系和东亚经济增长前景》，中国社会科学出版社 2002 年版。

（18）林家彬：《北京市中小企业发展研究》，《中国工业经济》1999 年第 6 期。

（19）刘克逸：《德国、日本的中小企业政策及对我国的启示》，《世界经济文汇》1999 年第 3 期。

（20）陆立军：《科技型中小企业还击与对策》，中国经济出版社 2002 年版。

（21）齐勇：《国企改革的难点和对策》，新华出版社 2000 年版。

（22）李洁：《美国新经济及发展趋势》，《全球科技经济瞭望》2000 年第 11 期。

（23）柳新华、吕志国：《创新与发展》，经济日报出版社 1999 年版。

（24）万兴亚：《中小企业技术创新与政府政策》，人民出版社 2001 年版。

（25）方新：《创业与创新》，中国人民大学出版社 1998 年版。

（26）林汉川、魏中奇：《中小企业发展与创新》，上海财经大学出版社 2001 年版。

（27）王竟天等：《中小企业发展与创新》，上海财经大学出版社 2001 年版。

（28）张利胜等：《中小企业信用担保》，上海财经大学出版社 2001 年版。

（29）尤安山：《中小企业国际合作》，上海财经大学出版社 2001 年版。

（30）胡小平：《中小企业融资》，经济管理出版社 2000 年版。

（31）吕国胜：《中小企业研究》，上海财经大学出版社 2000 年版。

（32）锁箭：《中小企业发展的国际比较》，中国社会科学出版社 2001 年版。

（33）林汉川：《WTO 与中小企业转型升级》，经济管理出版社 2002 年版。

（34）周立群等：《中小企业改革发展研究》，人民出版社 2001 年版。

（35）刘琦伟、冯文伟：《创业资本概论》，东北财经大学出版社 2002 年版。

（36）陈乃醒：《中国中小企业发展与预测》，民主与建设出版社 2001 年版。

（37）王德禄：《区域的崛起》，山东教育出版社 2002 年版。

（38）长城企业战略研究所课题组：《孵化器发展研究》，《经济研究参考》2001 年第 82 期。